MAI SHIRAISHI
MEMORIAL MAGAZINE

MAI SHIRAISHI
MEMORIAL MAGAZINE

乃木坂46を牽引してきた象徴的なメンバー
白石麻衣が2020年10月をもってグループから卒業します。
この本は彼女の９年間の活動を
多彩なグラビアと豊富な読み物でまとめた１冊です。
白石麻衣に、９年分の感謝を込めて
心からの、ありがとう。

CONTENTS

MAI SHIRAISHI
LAST DAYS

白石麻衣が乃木坂46として過ごす残りわずかな時間。
その一瞬一瞬の輝きを写真に収めました。
彼女との美しい日々を、ぜひ目に焼き付けてください。

PHOTO=KAZUTAKA NAKAMURA
STYLIST=MAYUMI ANDO HAIR&MAKE-UP=NAYA

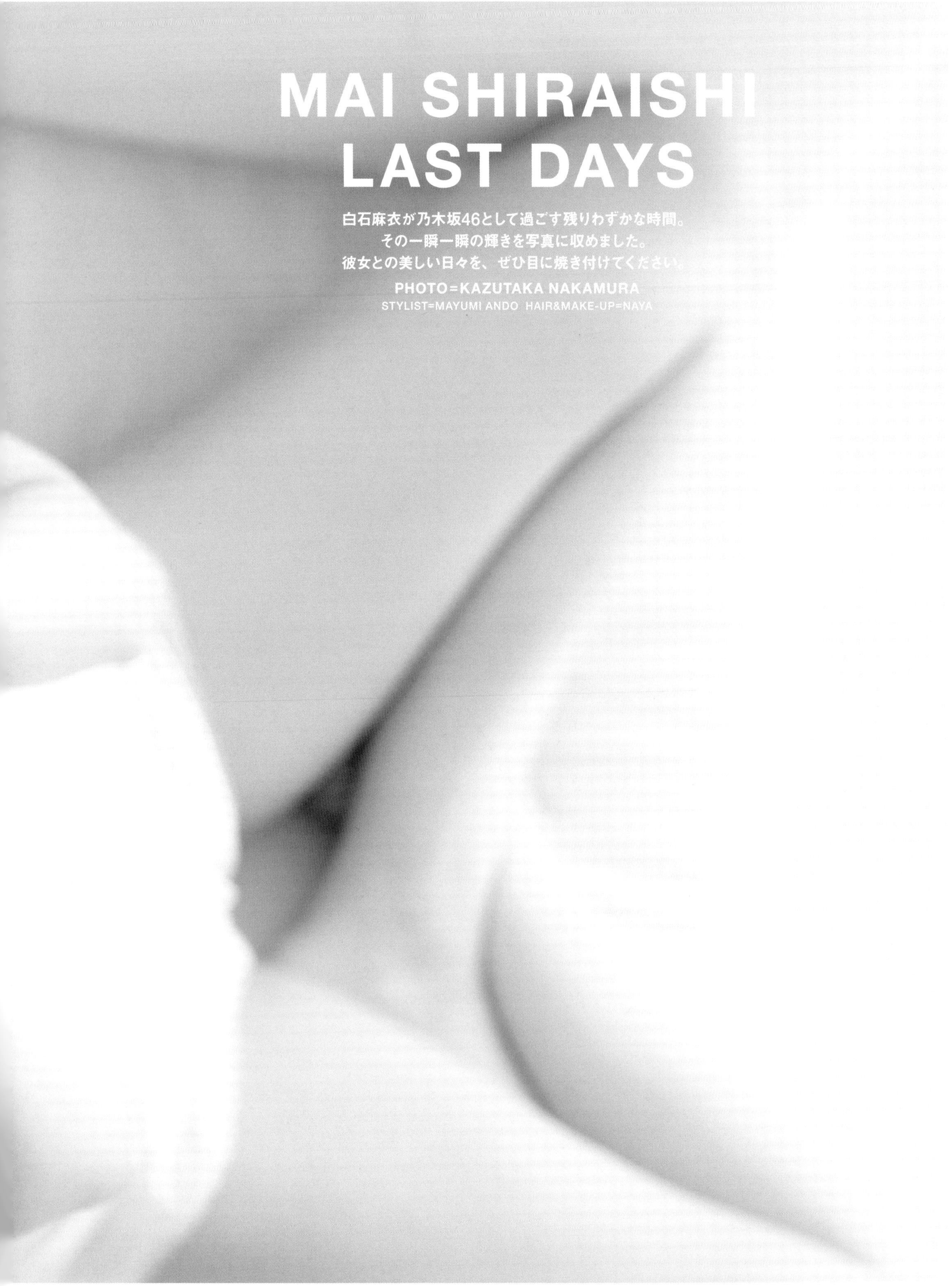

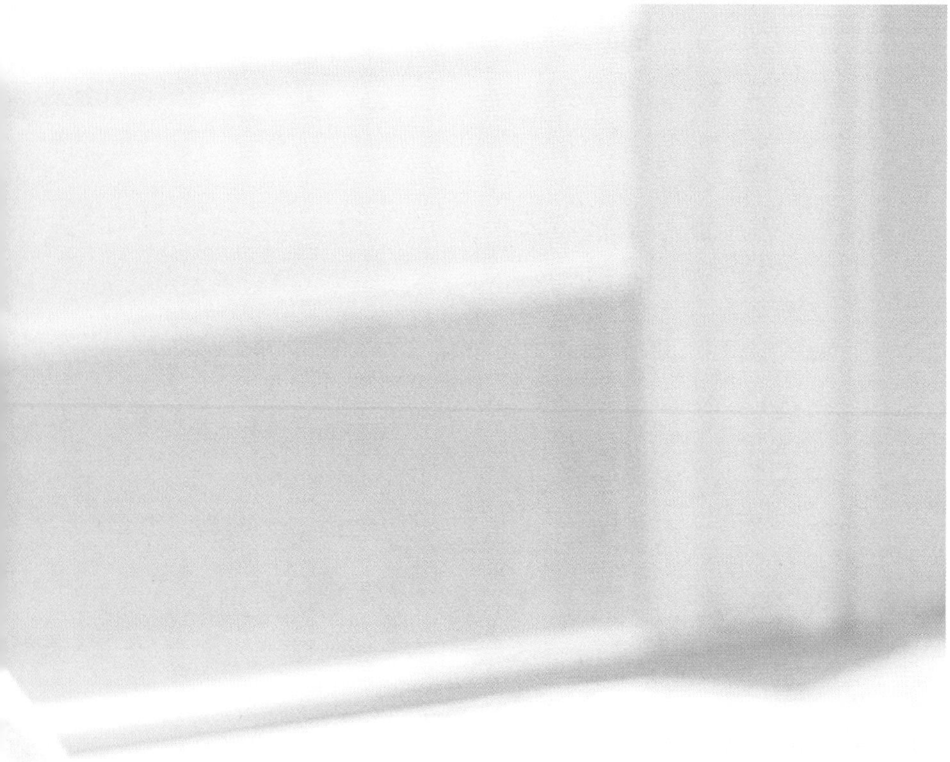

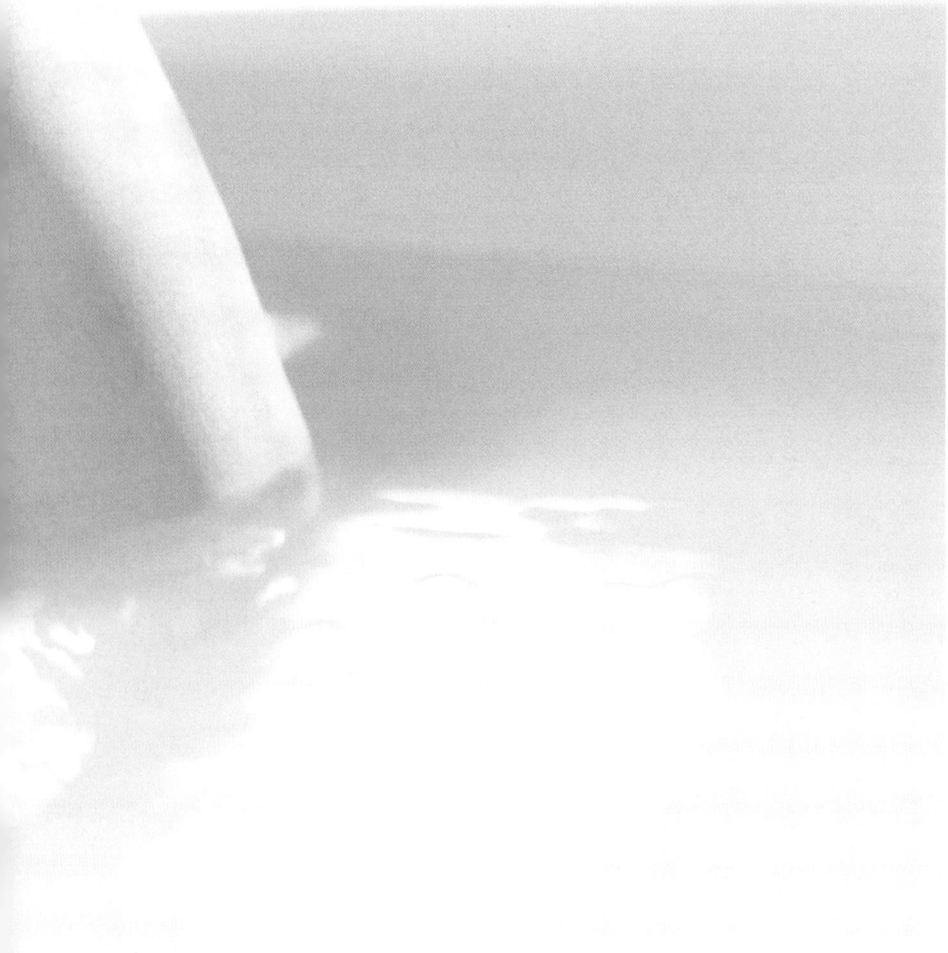

MAI SHIRAISHI LONG INTERVIEW

白石麻衣が約3時間にわたって語った乃木坂46ラスト・ロングインタビュー。
9年間の活動で得たもの、乃木坂46らしさとは、後輩たちへ伝えたいこと――
彼女からの最後のメッセージをお届けします。

乃木坂46に入ったことで人生が大きく前進できた

●白石さんの卒業記念メモリアルマガジンが完成しましたが、この本の発売の1週間後に白石さんの卒業ライブが行われますね。目前に控えた今、どんな気持ちですか?

「いよいよなんだな、ってドキドキしています。卒業ライブが終わったら、さみしいなぁ……って感傷的な気持ちになると思うんですけど、今はとにかくライブを無事にやり遂げることを第一に考えています」

●当初は5月に東京ドームで開催を予定していた卒業ライブですが、新型コロナウイルス感染拡大の影響で見送られることになりました。

「自粛期間中にリモートでスタッフさんと何度も話し合いを重ねていたんですけど、以前と同じような形でライブを開催することは難しいので、なかなか見通しも立たなくて……。でも、どこかで区切りをつけないといけない、という思いもありました」

●自粛期間中はどんなふうに過ごしていましたか?

「おうちで乃木坂46の曲を聴き直していました。しばらく歌っていなかったので、歌詞が出てこなくなっちゃって(笑)。お風呂に入っているときにずっと流していたんですけど、『すごく切ない歌詞だな』とか『こんなメッセージが込められていたんだ』という発見もありました。乃木坂46はいい曲が多いなぁと思ったし、やっぱり私は乃木坂46のことが好きなんだなって、自粛期間中にあらためて感じることができました」

●卒業ライブは配信形式で行うことに決まりましたね。

「一番に考えたのはファンの方の安全です。でも、私は配信ライブという形式を前向きに捉えています。配信だからこそできることもあるだろうし、『見に行きたいけど行けない』っていう遠くの人にも届けられると思うんです。配信だからライブの見方も自由ですよね。一人で見るのもいいし、乃木坂46のファンの人とみんなでＺｏｏｍなどのオンラインで集まって見るのも、家族や好きな人と見るのも本当に自由。私の卒業ライブをいろんな人に見てもらえるのは、すごくうれしいことだなって思います。私も卒業ライブではたくさんのメッセージを送れるように頑張るので、ファンのみなさんも待っててくれたらうれしいです」

●ファンの方も、白石さんがアイドルになってくれて、9年間アイドルをまっとうしてくれたことに感謝の気持ちがあるのではないでしょうか?

「そうだったらいいな。でも、私自身もアイドルになってよかったなって思います」

●それはどうしてでしょう?

「乃木坂46のオーディションを受けたのは、音楽系の専門学校に入って2ヵ月が経った頃でした。当時は、将来、自分がどうなるのかまったく想像できなかったし、音楽の道でうまくいく保証も自信もありませんでした。だから、そのままなんとなく音楽を続けるよりも、乃木坂46に入ったことで自分の人生が大きく前進できたような気がするんです」

●乃木坂46と出会ったことで、人生の道が開けた?

「そうですね。ただ、デビューしたばかりの頃は、アイドルはきっと大変な世界だろうし、オーディションに受かったものの1、2年くらいでやめるんだろうなぁと思っていました。気づいたら9年も経ってましたけど(笑)」

乗り気ではなかったオーディション

●白石さんが乃木坂46に加入する前のことも聞かせてください。小さい頃は、アイドルに憧れていた女の子だったんですか?

「モーニング娘。さんは好きでしたけど、自分もアイドルになりたいと思ったことはなかったです。小学生の頃は、3歳上のお姉ちゃんの真似ばかりしていました。お姉ちゃんが買ってきたファッション誌を見ながら、『スタイリストさんってステキだな。私もなってみたい』って言っているような、おしゃれが好きなふつうの女の子だったと思います。芸能界への憧れもなかったです」

●とはいえ、学生時代、街を歩いていたらスカウトされませんでした?

「通っていた専門学校が渋谷にあったこともあって、スカウトの方に声をかけられたことはありますね」

●乃木坂46のスタッフの方からは、「芸能事務所の名刺を大量にもらっていたけど、白石はどこにもコンタクトを取らなかった」と聞いたことがあります。

「とりあえず声をかけただけなんだろうな、と思っちゃって。だったら、自分の好きなことをやっていたほうが楽しいんじゃないかと思って、とくにこっちから連絡することはなかったですね」

●専門学校に入った時点では何になりたかったんですか?

「歌手です。ただ、デビューしたい!っていうよりも、何も身に付いてないのがイヤだったので音楽の勉強をしたい気持ちが強かったです。当時は、ゴスペルとか作詞の授業を受けたりしてました。それでいろんな勉強をしていくなかで、学校の友だちと『私たちもＰｅｒｆｕｍｅさんみたいなダンスボーカルユニットが組めたらいいよね』って話していたら、講師の先生に『ソニー主催のオーディションがあるから受けてみたら?』と勧められたのが乃木坂46だったんです」

●すぐに受けてみようと思った?

「最初はそこまで乗り気ではなかったです。だから、オーディションに合格したあとの集合写真で、私だけ『受かっちゃった。どうしよう……』っていう困った顔をしてるんですよ(笑)」

グループの色を獲得できない格闘の日々

●乃木坂46はＡＫＢ48の〝公式ライバル〟グループとして結成されました。当時はどんな思いがありましたか?

「私たちがデビューしたとき、ＡＫＢ48さんは、すでに誰もが知っている国民的なアイドルグループでした。正直、追いつくことは難しいだろうし、やっぱりＡＫＢ48さんがいたからこそ誕生した新しいグループなので、〝公式ライバル〟と言われることに申し訳ない気持ちがありました」

●乃木坂46のデビュー曲『ぐるぐるカーテン』の初披露は、２０１２年のＡＫＢ48のイベント『リクエストアワー』初

自粛期間中におうちで乃木坂46の曲を聴き直して
やっぱり私は乃木坂46のことが好きなんだなって
あらためて感じることができました

日のオープニングでした。
「あのときは、不安やプレッシャーで押しつぶされそうでした。AKB48さんのファンの方がどんな反応をするのか……。舞台裏では、AKB48さんと姉妹グループさんが大きな円陣を組んで気合いを入れているなか、私たちは端っこのほうでみんなと手を繋ぎながら小さな輪になって『頑張ろうね』って声をかけ合っていた思い出があります。本番では、生駒（里奈・卒業生）ちゃんが『乃木坂46には超えなければいけない目標があります。その目標は……AKB48さんです！』って涙を流しながら宣言したんですけど、生駒ちゃんの小さな体がずっと震えていたのを覚えています」
●乃木坂46はスタートからいきなり大きな試練と向き合うことになったんですね。
「デビューがそういう感じだったので、そこで一回『アイドルって怖い』と思ってしまって。これからやっていけるんだろうか？って不安も大きかったです」
●AKB48の〝公式ライバル〟として誕生したものの、その後、なかなか自分たちの色を獲得できない格闘の日々が続いたと思います。
「そうですね。グループの名前を知ってもらえるまでは本当に大変だったし、1期生のみんなで涙を流しながら励まし合った日もありました。とくにつらかったのは、シングルの選抜発表のとき。毎回、空気がピリピリしていたと思います。（秋元）真夏が復帰したときなんて、すごく重い空気でしたね。今では考えられないですけど（笑）」
●白石さんはデビュー曲から現在まですべてのシングルで選抜入りしていますが、シングルの選抜制度についてはどう思っていましたか？
「毎回、選抜に入れなかったらどうしよう？っていう気持ちはありました」
●白石さんでもハラハラしていたときがあったんですね。
「もちろん。選抜メンバーの名前が順番に呼ばれていくあの空気はめちゃくちゃ緊張します。正直、福神についてはそんなに深く考えていなかったけど、やっぱり『選抜には入っていたい』という気持ちはずっとありました」
●最初の頃、白石さんはシングル曲の2列目のポジションが多かったですね。
「5枚目の『君の名は希望』までは2列目で、センターの生駒ちゃんの斜め後ろのポジションが多かったです。フロントに生駒ちゃん、いくちゃん（生田絵梨花）、（星野）みなみがいて、2列目は私や松村（沙友理）、橋本（奈々未・卒業生）などのメンバーたちが支える感じでした」
●センターの生駒さんがずっと繋いできたバトンを6枚目シングル『ガールズルール』で白石さんが受け取ることになりました。
「あのときは、正直、うれしさよりもプレッシャーのほうが大きかったです。ただ、松村と橋本と3人でフロントになれたことが、私にとって大きな支えでした。同い年だし、ずっと一緒に2列目で頑張ってきた仲間だったので」
●『ガールズルール』は華やかさやメジャー感のある楽曲で、ライブでも盛り上がりますね。
「フロントに立つメンバーや楽曲の雰囲気もそうだけど、『ガールズルール』のタイミングで衣装さんや振付師さんもガラッと替わったんです。そういう変化がいろいろあったので、また新しい乃木坂46の色を出すことができるのかなと思いました。あと、2列目でずっと生駒ちゃんの背中を見てきたので、彼女のたくましい姿をお手本にしつつ、『私は私で、また新しいことをやりたいな』っていうことも考えていましたね」

気持ちがひとつになった レコード大賞のパフォーマンス

●白石さんが「乃木坂46がブレイクしたな」とか「世間の人に知ってもらえたな」と実感したのは、いつ頃ですか？
「意外と最近なんじゃないかなと私は思っていて。それこそ、東京ドームでライブをやったときくらいですかね」
●2017年に開催された『真夏の全国ツアー2017 FINAL！ IN TOKYO DOME』ですね。
「東京ドームはずっと憧れていた場所だったので、そのステージに立てたことで、世の中の人にちょっと認めてもらえたかなっていう実感はありました」
●東京ドーム公演で印象に残っていることは？
「ステージから見る会場の広さです。初めて見る景色に、こんなにたくさんの方が応援してくれているんだ。すごい！って感動したことを覚えています。ただ、東京ドームのライブで自分たちに足りない部分もわかって、新しい課題も見つかったし、さらに頑張ろう！ってもう一段階ステップアップしようと思えました。結果的に、東京ドームが到達点ではなくて、メンバーがみんな『まだまだ上り坂の途中だよね』と思えたことはよかったです」
●その年の年末に『インフルエンサー』が日本レコード大賞の大賞を受賞します。
「9年間でいろんな歌番組に出演させてもらいましたが、あのときほどみんなの気持ちが完全にパチッてひとつになった瞬間はなかったと思います。正直、パフォーマンス中はわからなかったけど、あとで映像を見たら鳥肌が立つくらいみんなのダンスがきれいに揃っていたので、感動して涙が出ちゃいました」
●メンバーも、白石さんも「絶対に大賞を獲るぞ！」という強い気持ちがあった？
「本番前に、『インフルエンサー』の振り付けをしてくださったSeishiroさん（ダンサー・振付家）が『みんなで円陣組まない？』って言ってくださったんです。メンバーと手を繋いで輪になると、自然とエネルギーが湧いてきました。乃木坂46って、『何かを勝ち取るんだ！』みたいな、そういうガツガツ感を出さないのがカラーだったりするけど、じつはけっこう負けず嫌いな子も多くて。レコード大賞のときは、『最高のパフォーマンスをして臨もう！』っていう気持ちがすごく強かったのを覚えています」
●大賞が発表された瞬間、メンバーのみなさんが涙を流してよろこび合っていました。
「乃木坂46の活動のなかでも、ひとつのハイライトと言ってもいい瞬間だったと思います。発表後は手の震えがずっと止まらなくて大変でした（笑）」
●メンバーからも「まいやんのダンスは、クセがなくてきれい」とよく聞きますが、繊細で力強いダンスを踊る白石さんの姿がかっこよかったです。
「うれしいです。もともとダンス経験が

『インフルエンサー』という楽曲のおかげで
歌詞の大切さをあらためて意識するようになったし
もう一度、自分のダンスを見直すきっかけにもなった

あったわけじゃないので、たしかにクセは少ないかもしれないですね。私、歌詞が好きだから、ダンスは歌詞の世界を表現するための手段のひとつだと思っていて。歌詞の大切さをあらためて意識するようになったのは『インフルエンサー』の頃なんです。Seishiroさんに『どのような表情で音楽を伝えるか』『どうすれば観ている人にメッセージを届けられるか』など、たくさんアドバイスをいただき、もう一度、自分のダンスの表現を見直すきっかけになりました。そういう意識でパフォーマンスしたレコード大賞で、大賞を獲ることができたのは素直にうれしかったし、自信にも繋がりましたね。将来、乃木坂46の活動を思い出すとき、みんなで最高のパフォーマンスを披露することができたレコード大賞のシーンが浮かびそうです」

モデル仕事で味わった大きな試練と挫折

●乃木坂46は〝女の子が憧れるアイドル〟と呼ばれ、女性ファンも多いことで知られていますね。

「女性にも興味を持ってもらえるのはすごくうれしいことでした。どうやったら女性からも好かれるアイドルグループになれるのかな?というのは、ずっと考えていたけど、やっぱりそれはなかなか難しいことなので。でも、乃木坂46にファッション誌のモデルのお仕事をしているメンバーが多いことは、ひとつの武器なのかなって思います」

●乃木坂46のなかで初めてファッション誌の専属モデルを務めたのが白石さんでした。

「2013年に『Ray』に声をかけてもらったのがきっかけでした。もともとファッションは好きだったのでうれしかったんですけど、いざ自分がやってみたらモデルの大変さを知りました。アイドルの世界とはまったく違っていたんです。たとえば、アイドルの写真撮影の場合は自分のキャラクターを見せなきゃいけないので、一個一個のポージングもしっかり決まっているけど、モデルはお洋服を見せるものだからナチュラルな瞬間を撮っていただくんですね。だから、最初の頃は、カメラマンさんに『そんなにポーズを決めなくていいよ』ってよく言われていました。身体にアイドルが染み込んでいたので、最初はそれを調整するのが難しかったです」

●白石さんにも、うまくできなかった時代があるんですね。

「全然ありますよ（笑）。モデルの現場に慣れていないから緊張で笑顔も硬くなっちゃうし、ポージングも全然できなかったです。それで、このままじゃヤバいと思って、ほかのモデルさんが撮影しているときに見学させてもらったり、カメラマンさんにアドバイスをいただいたりしながら必死に勉強しました」

●とはいえ、本職のモデルと並んでも見劣りしませんでした。

「いやいや、それはさすがにないですよ。撮影でモデルさんのとなりに並ぶときは、すいません……って感じで」

●緊張していた？

「私、自信がないんですよね」

●白石さんから、何度かその言葉を聞きますね。

「昔は本当に自信がなかった。今も『自信あるか？』って聞かれたら、自信あります！なんて言い切れないですけど。モデルをはじめたばかりの頃は、私なんてできないからなぁ……って思うことのほうが多かったので、表情とかポージングにも自信のなさがあらわれていたのかなと思います。う～ん、反省」

●白石さんをきっかけに、その後、乃木坂46メンバーがつぎつぎとファッション誌のモデルに起用されるようになりました。その功績は大きいのでは。

「自分がそういう流れを作るきっかけになれたのかな？って思うと、うれしいです。それまで乃木坂46のことを知らなかった女の子たちにも興味を持ってもらえたのは、きっと乃木坂46にモデルのお仕事をやっている子が多いからだと思うし、それは素直によかったなって思います」

くちびるの上のほくろと意外なコンプレックス

●9年間の活動を振り返って、アイドルとしての白石麻衣は、どんなところが強みだったと思いますか？

「強み……。う～ん、難しいなぁ。でも、個人的にはアイドルっぽくないところがよかったのかなと思います。自分のなかでは本当にふつうの女の子の感覚だし、あんまり芸能人然としているのも好きじゃない自分がいて。あくまでふつうの女の子が芸能界に入って乃木坂46になった、みたいな感覚なんですよね」

●最初こそ、ちょっと構えていたのか、〝四次元から来たマヨラー星人〟というキャッチフレーズを使っていましたが。

「言ってましたね（笑）。でも、キャラを作っている自分も好きじゃなかったし、無理してやるのも疲れると思ったので、早めに軌道修正しました（笑）」

●レギュラーバラエティ番組などで飾らない人柄が表に出て、「意外と気さくな子なんだ」ということが広く知れわたりましたね。

「それはアイドルじゃなかったら、たぶん出せなかった部分だと思うんですよね。だから、外見だけじゃなくて人間味みたいなところも含めて好きになってもらって、応援してもらえるのがアイドルの良さなのかなって思います」

●パーフェクトな美人だと、逆に伸び悩んだりするのがアイドルの難しいところなのかもしれません。

「外見だけ取り繕ってもダメなんだろうなと思います。自分の欠点とかコンプレックスも含めて、ありのままを見せて愛してもらう、というか」

●白石さんの写真集『パスポート』のインタビューで「おでこが広いのがじつはコンプレックス」と語っていましたね。

「そうなんですよ。人から見たら『え!?そうだったの？』って思われるかもしれないですけど。あと、小さいコンプレックスでいえば、扱いにくい髪質。前髪がピーン！ってなっちゃう」

●ははは。知りませんでした（笑）。

「すっごい直毛なんですよ。それで、乾かし方によって元気な子がいて、まっすぐ生えてる。それもコンプレックス」

●くちびるの上のほくろはチャームポイントですか？

「昔は別にあってもなくてもいいかなと思ってたんですけど（笑）。でも、ほくろがあったほうが印象に残るかなって、乃木坂46に入って思うようになりまし

欠点やコンプレックスも含めたありのままの自分を好きになってもらって、応援してもらえるのがアイドルの良さなのかなって思います

た。ほくろがなかったら、薄味な顔に見えるような気がするんですよね」

●白石さんが「この子は羨ましいな」とか「私にないものを持ってて、この子みたいになれたらいいな」と思うメンバーはいますか?

「メンバーはみんなそれぞれいいところがあるんです。内面でいえば、真夏とか高山(一実)の人柄は大好きです。誰に対しても優しくて、人の悪口を言っているのを見たことがないし、否定せずになんでも受け止めてくれる。たとえば、私がうまくできないことがあったとしても、『そういうまいやんもステキ』って、褒めたたえてくれます(笑)。それが表面的じゃなくて、心からの言葉だなと思えるんですよね。そういう人がちゃんといてくれるから、乃木坂46の穏やかさが保たれているところもあるんでしょうね」

●では、9年間で自分のなかで「ここが一番成長したな」と思えるところは?

「なんだろうなぁ。基本的なベースはあまり変わってないんですよね。あ、でも、コミュニケーション能力はちょっとだけ上がりました(笑)」

●何かきっかけがあったんですか?

「外現場が増えて、ひとりで映像のお仕事をすることになったとき、現場に馴染むためにも共演者の方たちと積極的にコミュニケーションを取らなきゃいけないなと思ったんです。黙っていたらクールなイメージを持たれることも多いので、それはあまり印象も良くないじゃないですか。それで、共演者の方やいろんなスタッフさんに自分から話しかけるようになりました。9年かけて、少しは人見知りしなくなったかな(笑)」

弱音を吐くことはあっても逃げ出すことはしない

●さきほども言っていましたが、白石さんはもともと自信満々に振る舞うことは苦手なタイプですよね。だからこそ「ちゃんとしなきゃ」とか「求められたものに応えなきゃ」という人間性に繋がっていったのでしょうか?

「そうですね。子どもの頃から自己主張するのは苦手でした」

●たとえば、幼稚園の劇で「お姫様の役をやりたい」と自分から言えないタイプでしたか?

「言えないです。小学生のときに学校行事のリーダーとかも絶対にやらなかったし、自分から『私はこれをやりたいです!』って強く言ったことってほとんどないんですよ。だから、乃木坂46に入ってからもまったく自己主張ができなかったです。それは今も苦手なところではありますけど」

●でも、グループが新しいことに挑戦するとき、白石さんはトップバッターに指名されがちですよね?

「そうですね。だから、最初は半ベソで『なんで私なの?』『できないよ~』って気持ちになっていました。でも、同時に責任感もありました。もし『白石、ダメだったな』って思われたら、きっとつぎに続かないだろうし、乃木坂46としても最初の一歩でつまずくのは、もったいないじゃないですか。だから、覚悟を決めて、やるときはやる。でも、どうしても難しいときは『弱音も吐きつつ、やる』って感じですかね(笑)」

●弱音を吐くことはあっても、基本は「やる」という選択肢を取る?

「はい。アイドルっていろんなジャンルのお仕事をやらせてもらえるけど、そのなかで苦手なことや自分に向いてないこともたくさんあるんですよね。でも、とりあえず挑戦してみたほうがいいと思うんですよ。そこから得るものがあるだろうし、自分が苦手なことでも終わったときに最後までやりきった達成感を味わうことができて、それはうれしいじゃないですか。だから、吐き出すけど、逃げ出さないことが大事なのかなって思います」

●ずっとそういうポリシーで活動に取り組んでいた?

「でも、そういうふうに切り替えられるようになったのは途中からです。『ガールズルール』でセンターに立ったあとくらいかな。歌番組などでグループを代表して発言する機会が増えたんですよね。そういうときに、『いや、私はしゃべるのが苦手なので……』なんて臆病になっていたら、ほかのメンバーにも申し訳ないので。だから、そのあたりから責任感みたいなものが芽生えたと思います」

●振り返ってみて、そのときはかなり重圧を感じていましたか?

「もちろん緊張もあったし、心のなかで『大変だなぁ』と思っていた部分はたくさんあります。でも、一人じゃないし、みんながそばにいてくれるっていうのが心の支えになっていました。乃木坂46は何かあったらフォローしてくれる優しい子ばかりなんです」

●みんなを背負っているけど、みんなに支えられてもいた?

「うん。それがグループで行動する大きな強みだと思います。外現場があるときは『みんなで戦いにいく』みたいな気持ちでしたね」

●モデルや演技の仕事など、いろんなジャンルに挑戦してみて「これは私に向いてるかも?」と思ったものは?

「向いているのか自分ではわからないけど、『ライブのときのまいやんは輝いてる』って言われることは多かったかも。『盛り上がる曲のときのはじけ方が好き』とか『客席に向かって煽ってる姿が好き』って言ってくれる人もたくさんいました。だから、心から楽しんで、私の全部を出せる場所がライブなんだと思います」

変わっていく乃木坂46 守りたい乃木坂46らしさ

●なにか物事を決めるうえで、「乃木坂46っぽいか」というのは自分の判断基準になっていますか?

「なってますね。たとえば、『しあわせの保護色』では、『ストリングスのアレンジを入れてほしいです。そのほうが乃木坂46っぽさが出ると思います』ということをスタッフさんに伝えました」

●自己主張するのが苦手な白石さんが!?

「曲について『こういうふうにしてほしい』って自分の意見をはっきり伝えたのはそのときが初めてでした。でも、今まで衣装に関してはわりと意見を言っているんです。たとえば、イベントや歌番組でパフォーマンスするときの衣装について『これはあんまり乃木坂46っぽくないので替えてほしいです』って言ったことは何回かありました」

●ほかのメンバーも同じように感じていて、白石さんが代表してスタッフさんに

ほかとは違う自分たちだけの何かを見つけたい——みんなのそういう思いが長い時間をかけて〝乃木坂46らしさ〟にたどり着いた

伝える役割だった？

「直接スタッフさんに言うメンバーがいなかったんですよね。それと、私が第一にそう思っちゃうんですよ。『みんなでこの衣装を着るのをイメージしたら、ちょっと統一感がないな』とか『これは前回着た衣装と色味が似てるな』って。それを、キャプテンの真夏に『私はこう思うんだけど、どうかな？』って意見を投げたら、真夏もわりと思っていることが一緒だから、『じゃあ、ちょっと言ってみるね』ってスタッフさんに伝えてくれていました」

●白石さんがイメージする、乃木坂46らしい衣装とは？

「ひと言で言ったら〝シンプル〟です。色もそんなにごちゃごちゃしてなくて、上品というか。『シンクロニシティ』のときはアクセサリーも付けていません。でも、シンプルだからこそ統一感が出るのかなと思うんですよ」

●たしかにグループとしてのトーンがまとまっていて、洗練された美しさがありますね。

「あんまりガチャガチャしちゃうと、統一感が薄くなっちゃうからもったいないなと思って。できればシンプルなほうが乃木坂46は映えるんじゃないかなって思います」

●いつ頃から〝乃木坂46らしさ〟を自分たちで意識するようになって、それが形になってきたと思いますか？

「具体的にこの時期からというのはわからないけど、私たちはAKB48さんの〝公式ライバル〟として誕生したので、『自分たちはどういうカラーのグループなんだろう？』ということをずっと考えてきました。ほかとは違う自分たちだけの何かを見つけたい。みんなのそういう思いが長い時間をかけて、〝乃木坂46らしさ〟にたどり着いたんじゃないかな、と思うんです」

●これからも〝乃木坂46らしさ〟を後輩たちに受け継いでいってほしいですか？

「もちろん変わっていかなきゃいけない部分もあるけど、乃木坂46が持っている空気感は忘れてほしくないな、という思いはあります。とくに3期生や4期生は、乃木坂46の雰囲気が好きで入ってきた子が多いので、そういう空気感を守りたいと思っているメンバーもいるんじゃないかな。ただ、そればかりにとらわれたり、卒業していった子たちの穴を無理して埋めようとしても意味がないと思うんです。メンバーにはそれぞれ個性があるから、自分らしくいてほしい。でも、この数ヵ月間、客観的に乃木坂46を見て、変わってきてるなって思いました。後輩たちがどんどん成長して、ポジションも替わって、みんなで新しい乃木坂46を作ってる感じがしたので、すごく頼もしいなって感じています」

9年間支えてくれた ファンとメンバーの存在

●あらためて卒業についての話を聞かせてもらえますか？

「はい。自分が25歳になるくらいがアイドルとしての一区切りなのかなと思って、25歳の誕生日を迎えるすこし前くらいから卒業を意識しはじめました」

●2017年頃ですね。

「なんとなく意識していたんですけど、2018年に生駒ちゃんが卒業して、そのあとは西野（七瀬・卒業生）の卒業があったり、1期生の卒業が続いたので、タイミング的に今じゃないなと思ったんです。それで、『夜明けまで強がらなくてもいい』で4期生の（遠藤）さくらちゃんがセンターに立つことになって、スタッフさんから『今回、4期生がフロントに立って、白石やお姉さんメンバーたちは初期の頃のように後ろから後輩を支えるポジションになるから、見守ってあげてほしい』ということを言われて」

●『夜明けまで強がらなくてもいい』では、そういう役回りをまっとうしようとした？

「そうですね。その前後に、映画やドラマの撮影があって、お芝居の楽しさも知ることができたし、自分のお仕事のペースというか『こんな感じでソロでやっていけるのかな』っていう手応えもありました。それで、撮影が終わって乃木坂46に戻ってきたら、さくらちゃんや4期生の成長もすごく感じられたので、もうバトンが渡せそうだなって感じたんです。その両方が噛み合って、卒業が具体的になっていきました」

●なるほど。白石さんからメンバーへ卒業報告をしたのは？

「2020年の1月上旬でした。乃木神社に初詣をしたあと、事務所に戻ってきてメンバーに伝えました」

●メンバーのみなさんもなんとなく気づいていた？

「きっと卒業の報告なんだろうな、と察していたと思います。みんなの前で発表するときはすごく緊張して、ちょっと声も震えました。たぶん9年間で一番緊張した瞬間（笑）」

●いざ「卒業」という言葉を口に出したとき、どんな思いがありましたか？

「自分が決断したことを言葉にして伝えるのって、すごく勇気のいることだと思いました。ましてやメンバーが全員いて、スタッフさんもたくさんいる前だったので、みんなの視線が一気に集まるのが耐えきれなくて。でも、とても大事なことだから、緊張したけど自分なりの言葉で思いを伝えられたんじゃないかな、とは思います」

●乃木坂46で過ごした9年間を振り返ると？

「すごく長かったような気もするし、一瞬で過ぎてしまったような気もします。でも、この9年間にいろんな思い出があって、たくさんのしあわせを見つけることができました。それは本当に応援してくださるファンのみなさんのおかげだと思っています」

●「一番最初に私のファンになってくれたな」とか「初期からずっと応援してくれたな」というファンの存在は浮かびますか？

「もちろん。デビューして1ヵ月後くらいに開催された『メンバーお見立て会』に来てくださって、今でも熱心に応援してくださっている方もいます。こんなにたくさんアイドルがいるなかで私を見つけてくれて、『応援しよう』と思ってくれたことがすごくうれしいです」

●初期から応援しているファンの方は、白石さんがこんなに大きな存在になって、きっと誇らしい気持ちなのではないでしょうか？

「だったらいいなぁ。きっと、9年間ずっと見ていて、『白石、すごい成長した

**どんなときもファンの方が支えてくださって
乃木坂46を愛してくださったからこそ
私も9年間頑張ることができたんだと思います**

じゃん』って感じる人もいれば、『全然変わってないな』って感じる人もいると思うんです。でも、そんな私を受け入れてくれて、好きになってくれたことに感謝の気持ちでいっぱいです。本当にファンのみなさんには、9年間支えてくださってありがとうございますってお礼を言いたいです」

卒業してやりたいこと 理想の将来像

●卒業後は、いろんな場で「恋愛解禁ですね」みたいなことを言われる機会も多いと思います。

「ははは。言われそう。いろいろ聞かれるだろうなぁ（笑）」

●あえて聞きますが、恋愛についてはどう思ってますか？

「う〜ん、まぁ、いい人がいたら……っていう感じですかね」

●どんな人が理想ですか？

「基本は中身重視です。頭のいい人や面白い人が好きかな。あと、自分が持ってない才能がある人にも憧れます」

●理想の結婚観や家族構成のイメージはありますか？

「子どもはふたりほしいです。兄、妹が理想。白石家はお姉ちゃんだったので、お兄ちゃんっていいなぁ、っていう憧れもあります」

●乃木坂46卒業後にやってみたいことはありますか？

「趣味を見つけたいなって思います。あんまり時間がなくて、今までできなかったことも多いので。海釣りもしたいし、車の免許も取りたい。あと、アクセサリーのデザインにも興味があるんですよ」

●どんなアイテムをデザインしてみたいですか？

「自分もよく付けているんですけど、シンプルなシルバーのリングとかピアスがいいな。夏に、Tシャツとデニムみたいなラフな恰好をして、シルバーのアクセサリーを付ける、そういうかっこいい女性に憧れます。いつか自分でもデザインしてみたいなって思います」

●いろんなチャレンジができそうで楽しみですね。

「お仕事のジャンルも可能性を狭めずに、いろんなことに挑戦したいと思っています。自粛期間中、デビューして初めて長期間のお休みが続いて、お仕事があることは本当にありがたくて、しあわせなんだなってあらためて思ったんです。今まではお休みがあれば、『明日休みだ。うれしいな』って感じだったけど、あんまりお休みが長すぎてもよくないなぁと思って。私はどちらかといえばお仕事をしていたほうが頑張れるタイプだなっていうことがわかったので、卒業後もまた気合いを入れ直して、お仕事に取り組んでいきたいと思っています」

アイドルになってよかった 後悔はしていません

●もし乃木坂46に入っていなかったら、28歳の白石麻衣は何をしていると思いますか？

「本当に想像できない！　自分から行動を起こすのが苦手なタイプなので、バリバリ仕事をしていたかといったら、たぶんそうじゃない気がします。きっと、堅実にお仕事を頑張って、コツコツお金を貯めて、休日は趣味を楽しんで……みたいな感じだと思います。28歳の今の年齢だと、結婚もしてたかもしれませんね」

●もしアイドルになっていなければ、そういう人生もあったと思います。後悔はしてないですか？

「後悔はまったくしてないです。それは言い切れます。挫折や悔しい思い出もたくさんあるけど、本当に楽しい9年間だったから」

●長く続けられた一番の理由は？

「乃木坂46が大好きだからです。それはやっぱり1期生の存在がすごく大きかった。今思えば、本当に奇跡的なことだと思うんですけど、1期生はみんなの空気感がどことなく似ているんです。みんな穏やかな性格で、『他人を押しのけて前へ出たい』っていう子がいなかったんですよね。そんなメンバーたちと出会えて、乃木坂46が大好きになったから、ここまで続けられたんだなって思います」

●では、最後にもう一度あらためて、白石さんは「アイドルになってよかった」と思いますか？

「もちろん。アイドルって、ファンの方に支えられてこそのお仕事だと思うんです。とくに、私たちは握手会があって、目に見える距離で応援してもらえるありがたさを感じることができたし、だからこそ築き上げられた絆もありました。どんなときもファンの方が支えてくださって、乃木坂46を愛してくださったからこそ、私も9年間頑張ることができたんだと思います」

●そんなファンの方との絆も確かめ合える白石さんの卒業ライブですが、どんなものになりそうですか？

「卒業ライブだから、どうしても〝お別れ〟とか〝さみしい〟みたいな雰囲気があるかもしれないけど、私としては、今こういう状況だし、明るく楽しいライブにしたいなと思っているんです。しんみりせず、前向きにいこうよ！って。だから、配信を見てくださった方に少しでも笑顔になってもらえるようなライブにしたいなって思っています」

●白石さんは、なによりもライブが好きなんですもんね。

「配信形式なので、ファンのみなさんと同じ場所を共有することは難しいかもしれないけど、今というこの時間、この状況も含めて、みなさんとの想いを共有しながら最後の思い出を作れたらいいなと思っています」

●いよいよ乃木坂46から旅立つときが来ました。

「……さみしいな。でも、乃木坂46は卒業するけど、これからはファンのみなさんと同じ立場で乃木坂46を応援していくことになると思います」

●自分自身もファン？

「うん。私が一番の乃木坂46ファン。みんなには負けない！」

●ファンとライバル状態ですね（笑）。

「一番のファンとして乃木坂46を応援していきます。とくに生田絵梨花、松村沙友理推しのファンのみなさん、私、負けないですから」

●ははは。謎の勝利宣言（笑）。

「いざとなったら、いつでも連絡を取れるので（笑）。というのは冗談だけど、これからもみなさんには変わらず乃木坂46の応援をしてもらいたいし、私もこれからまだまだ頑張っていくので、見守っていただけたらうれしいです」

SPECIAL TALK PART 1

SAYURI MATSUMURA × MAI SHIRAISHI

松村沙友理×白石麻衣　親友対談

乃木坂46のなかでもベストカップルと呼ばれるふたり。
同い年で、長年一緒に過ごしてきたからこその思いやりと友情にあふれた親友トークをどうぞ！

撮影＝三宮幹史　スタイリスト＝安藤真由美　ヘア＆メイク＝PON、吉田真佐美

さゆりんがニコニコしてるだけで
元気になれたよ
まいやんを一番近くで見られて
乃木坂46に入ってよかったって思う

運命的な出会いは地下鉄のきっぷ売り場

松村　まいやんには同い年のシンパシーがすごく強いの。

白石　わかる。しかも、さゆりんとは誕生日が1週間しか違わないから、よりシンパシーを感じる。

松村　うれしい！　でも、もし私たちが学校の同じクラスでとなりの席だったら、どういう関係になってたかな？

白石　仲良くなってたんじゃない？

松村　でも、グループは違いそう。まいやんはちょっとイケてるグループだと思う。

白石　イケてない、イケてない（笑）。

松村　こっちからは話しかけられないけど、気さくに話しかけてくれそうな気がする。だから私は「なんで白石さん、こんなに優しく接してくれるんだろう？」って不思議に思ってる感じ。

白石　ははは。

松村　だって、乃木坂46に入ったばかりの頃もそうだったよ。私、人見知りでほとんどメンバーとしゃべれなかったのに、まいやんが「このあとみんなでごはん食べに行くけど、一緒に行こうよ」って誘ってくれたもん。

白石　年齢も同じだし、さゆりんともっと話したかったから。

松村　あのときはうれしかったなぁ。

——ふたりが初めて会った日のことを覚えていますか？

白石　オーディションの帰り道だよね？　乃木坂駅で。

松村　そう。私、大阪からオーディションを受けに来てたので、地下鉄のきっぷを買うのに手間取ってたの。東京の駅名も

フィルムカメラでお互いにオフショットを撮影し合う〝さゆまい〟ペア。ふたりの間に流れる空気感が信頼関係を物語っている。

知らないし、自分が今どこにいるかもわからなくて「どうしよう、どうしよう」って困ってたら、知らない男の人に絡まれちゃって。

白石　券売機のところで絡まれてたんだよね。それで「さっきオーディション会場にいたかわいい子だ！」ってわかったから、とっさに「一緒に帰ろうよ」って声をかけた。

松村　友達のフリをして助けてくれたんだよね。かっこいいヒーローみたいな登場の仕方だったもん。翌日の最終審査でも、まいやんが話しかけてくれたの。「深キョン（深田恭子）に似てるね」って。

白石　言ったね（笑）。「昨日の子だ」ってわかってたから。

松村　合格発表の直前でけっこうピリピリした雰囲気だったのに、まいやんは平常心だったよね。緊張してなかったの？

白石　してたよ。でも、かわいいから声かけちゃった（笑）。

松村　あら～、うれしい！

同い年の特別感があった乃木坂46の〝御三家〟

白石　初期の頃、さゆりんは「寮の食堂でごはんをたくさん食べる子」として有名だった（笑）。

松村　え～!?　そんな有名だったかな？

白石　うん。だって、炊飯器のごはんを何杯も……。

松村　えへへ。でも、最初はごはんを24時間いつでも食べてよかったのに、途中から「ひとり一杯まで」って貼り紙がされて、お茶碗制になったの。ひどくない？

白石　さゆりんが食べ過ぎたから（笑）。

——ふたりが仲良くなったきっかけは？

松村　シングル曲のポジションが近かったり、同じ現場が多かったから自然と距離が縮まったのかな？

白石　デビュー曲の『ぐるぐるカーテン』でとなりのポジションだったもんね。

松村　私、今でもすごく覚えていることがある。私とななみん（橋本奈々未）がドラマの撮影で乃木坂46の現場に行けない日があって。その前日に、まいやんが「ふたりがいないと、さみしくてできないよ～」って言ってくれたの。その言葉がすごくうれしかった。ななみんと一緒に「まいやん、かわいいね」って話したのを覚えてる。

——白石さん、松村さん、橋本さんの3人は、ファンから乃木坂46の〝御三家〟と呼ばれていましたね。

松村　大好きな組み合わせ！

白石　3人それぞれカラーが違うけど、一緒にいると不思議と安心するんだよね。どこか通じるものがあったり、空気感が似ていたり。同い年だからこその特別感もあるのかもしれない。

松村　やっぱり同い年って大きいよね。

白石　うん。考えていることや感じていることが言葉にしなくても伝わる。

松村　うまく説明できないんだけど、生きてる時空が一緒だなって思う。

白石　しっくりくるんだよね。

松村　好きだし、安心するし、なんかこの人だな、って感じがするの。

白石　結婚相手に言うセリフみたい（笑）。

——ふたりの思い出といえば？

白石　たくさんあるけど、プライベートで沖縄旅行に行ったことかな。5年前くらいだっけ？

松村　うん。夏の全国ツアーが終わった

卒業までの時間を
みんなで楽しく過ごしたいな
今はまいやんの卒業を
あんまり考えたくないよ

あと。まいやんと初めてのふたり旅。

白石 さゆりんが水着をたくさん持って来てたから、沖縄のホテルの部屋で水着ファッションショーしたね。

松村 そうそう。私、水着が大好きで、海外の水着をネットでめっちゃ取り寄せてたから。

白石 私も1着だけ持って来てたけど、さゆりんがかわいい水着を貸してくれて、ふたりでホテルのプールで泳いだね。

松村 まいやんに着せたら、めっちゃ映えてた!

白石 でも、あれがきっかけでプライベートでは着る機会はあまりないけど、水着を買うことが増えたかも。

松村 私も海なんかまったく行かないけど、水着だけは毎年買ってる（笑）。

嫉妬心と独占欲が強め!? 〝さゆまい〟の複雑な関係

――ふたりは乃木坂46のベストカップルと呼ばれるほど親密な関係です。

白石 「ふたりのコンビが好き」って言ってくれるファンの方も多くて、いつからか〝さゆまい〟って呼ばれるようになったよね。

松村 〝バカップル〟とも呼ばれてた。

白石 そうだった（笑）。

松村 でも、難しい問題がひとつあって。やっぱりさぁ……。

白石 なになに?

松村 まいやんはいろんなメンバーにおモテになるじゃないですか。

白石 ははは。やだ〜。

松村 同期や後輩はみんな、まいやんのことが大好き。で、まいやんは愛を持って接してくれる人には「そのぶん私も好きよ」って返してくれる。

白石 うん。そうやって接してもらえるのは素直にうれしいから。

松村 でしょ? それが難しい問題。

白石 どうして?

松村 まいやんを独占できない（笑）。

白石 ははは!

松村 最近、梅ちゃん（梅澤美波）もグイグイ行ってるし。

白石 卒業発表してから梅ちゃんは「あんまり長く一緒にいられない」と思っているのか、けっこう話しかけてくれるようになった。

松村 前までは、まいやんと私が一緒にいるときは気を遣って絶対に話しかけてこなかったのに!

白石 そうだったっけ?

松村 そうなの。でも、最近、私の目を盗んで梅ちゃんがまいやんとツーショット撮ってるの。「またふたりでいる!」っていうことが増えてる! 油断すると、（大園）桃子もすごいグイグイ行くし!

白石 ジェラシーがすごい（笑）。

――生田絵梨花さんと白石さんの〝いくまい〟コンビもありますね。

松村 でも、私のなかで〝いくまい〟だけはちょっと違う。ほかのメンバーはみんなまいやんへの愛が強いけど、いくちゃんの場合だけ、まいやんからいくちゃんへの愛が強いっていう強みがある。それはズルい!って思う。

白石 いくちゃんには敵わない?

松村 でも〝いくまい〟の絡みは、見ていて嫉妬が起きないくらい尊いの。だから「とてもいい!」と思って許してます。

白石 許された（笑）。

松村 〝いくまい〟大好き♡

大きな喪失感と涸れることのない涙

――白石さんは、卒業の相談を松村さんにしていたんですか?

白石 けっこう前からさゆりんには話してたよね。去年の年末だったかな? 楽屋でさゆりんと同じテーブルになったときに、あらためて卒業の話をちゃんと伝えた。

松村 あのときは「いよいよなんだ」っていうくらいで、あんまり実感がなかったの。でも、まいやんが参加する最後のシングル(『しあわせの保護色』)の選抜発表があったとき、じんわり来て。

白石 卒業発表した1週間後くらいに選抜発表があって、スタッフさんが「これがみんなで作る白石のラストシングルだから頑張ろう」っていう話をして、そのあと「じゃあ、ひとりずつコメントを撮ります」って言った瞬間、さゆりんが泣きながら飛びついてきた(笑)。

松村 うんうん。

白石 ふたりして大号泣。でも、その場にティッシュがなくて、メイキングのカメラマンさんにレンズを拭くためのクロスを貸してもらったんだよね。

松村 でも、今はあんまり考えたくない。まいやんがいない楽屋とか……。想像するだけで泣いちゃう。

白石 いやだ、泣かないで。

松村 なんかね、それをすごく感じたのは今年1月にやった台湾のライブのときで。『ガールズルール』のときにまいやんがとなりにいなくて、横を見たらなみんもいなくて。あのとき「ひとりになっちゃった」って思ったの。

白石 あ、涙が!

松村 私もひとりだとさみしくてできないよ~。

白石 そんなことないよ、大丈夫!

松村 最近ずっと泣いてる気がする。まいやんがニコニコしてればしてるほど切なくなるの。『しあわせの保護色』のMV撮影のときも、まいやん越しにメンバーが見えて、みんなが笑顔でまいやんと手を合わせてる姿を見たら……そのしあわせな画がエモくて。

白石 うん、泣いちゃうよね。あのシングルは1期生が全員選抜だし、「もうこのメンバーで一緒に作品を作ることも最後なんだな」って思うと、私もすごくさみしい気持ちになったよ。でも、卒業までの時間をみんなで楽しく過ごそうよ。

乃木坂46に居場所を作ってくれた大切な人

――ふたりが出会ってから9年ですね。

松村 もうそんなに経つんだね。

白石 でも、根本的なところは変わってない気がする。本当に長く一緒に過ごしたなって思うけど、いい意味で、出会った頃からお互いに変わってないかも。

松村 うん。まいやんは最初からずっと変わらずに〝いい奴〟。〝いい人〟というより、男気にあふれた〝いい奴〟なの。まっすぐな性格で、裏表がなくて、情が深くて。人間味にあふれた〝魂がいい奴〟って感じがする。だからこそ同期のみんなや後輩に好かれてるし、誰もが「この人に任せたい」って思える存在だったんだと思う。

白石 ありがとう。私はさゆりんの天真爛漫な姿を見て、いつも元気をもらってたよ。

松村 ホントに?

白石 うん。私、たくさん笑ってる人が好きなの。だから、さゆりんがニコニコしているだけで元気になれたし、私も頑張ろう!って気持ちにさせてくれた。私にとってさゆりんは太陽みたいな存在で、それくらい大事な人だった。だから、乃木坂46に入ってさゆりんと出会えて本当によかったな、って。

松村 うぅ……。

白石 また泣いちゃった(笑)。

松村 私はね、乃木坂46に入ってよかったなと思うのが……。

白石 なになに?

松村 まいやんの匂いをかいでる瞬間。

白石 ははは! そこ!?

松村 まいやんの楽屋での姿を見られるのも特権だって思うし、ライブでも一番近くでまいやんのことを見られるのもしあわせだった。

白石 照れちゃう(笑)。

私の居場所を作ってくれたのが
まいやんだった

さゆりんは太陽みたい
本当に出会えてよかった

松村　本当に乃木坂46に入ってよかったなって思う。私はネガティブだし、人付き合いも苦手だけど、こうやって毎日楽しくいられたのは、いつも現場でまいやんが楽しくお話ししてくれたから。出会った頃からずっと優しく話しかけてくれて、ここに私の居場所を作ってくれたのがまいやんだったのかも。だから、わがままかもしれないけど……卒業しないでほしい。ずっといてほしい。

白石　……ありがとう。でも、卒業してもふたりでごはんに行けるし、旅行にも行けるよ。今までどおりの関係は変わらないから。それに、いつかさゆりんだって卒業する日が来るわけだから。私はさゆりんのその日の姿を見てみたいな。

松村　でも、そのときにはまいやんがいないんだよ？

白石　じゃあ、花束を持って駆けつける。

松村　りんごの木の入った花束？

白石　100個のりんごが入ったカゴを持って出てくる（笑）。

松村　かわいい。白雪姫みたい！　それにしても、まいやんが卒業するまで私はどれだけ泣くんだろう。泣きすぎてヘンな顔にならないようにしないと。

白石　大丈夫よ。泣き顔もかわいいから。

松村　わぁー!!　まいやん、大好き♡

松村沙友理

1992年8月27日生まれ。28歳。B型。大阪府出身。T164。2011年、乃木坂46の1期生として活動開始。キュートなルックスと愛嬌たっぷりのキャラクターで、グループの中心メンバーとして活躍。『CanCam』（小学館）の専属モデルとしても活動中。

乃木坂46の〝美の象徴〟とも呼ばれる白石麻衣の9年間の歴史を、数々のビジュアルで本人コメントと共に振り返ります。貴重な初期のグラビアから、乃木坂46の活動のハイライトとなるシーンまでたっぷりと収録。乃木坂46結成当時19歳だった少女が、大人の女性になるまでの軌跡をご覧ください。

歴代のアーティスト写真の数々。左上、最終オーディション時に撮影された写真の時点からビジュアルの完成度の高さに驚く。「定期的に撮影してもらっていたアーティスト写真では、基本的にメイクは自分でしていました。こうやって並べてみると、眉毛の感じが一番変わったのかなと思います。個人的に気に入っているのは中段、左から2番目の赤いリボンをしている写真。真正面を向いているのって意外となくて、レアだなと思ってます（笑）」（白石麻衣／以下カッコ内すべて）

MAI SHIRAISHI VISUAL HISTORY

白石麻衣 ビジュアルヒストリー

3歳差の姉との記念写真。「お姉ちゃん子で、シルバニアファミリーでよく一緒に遊んでた記憶があります」

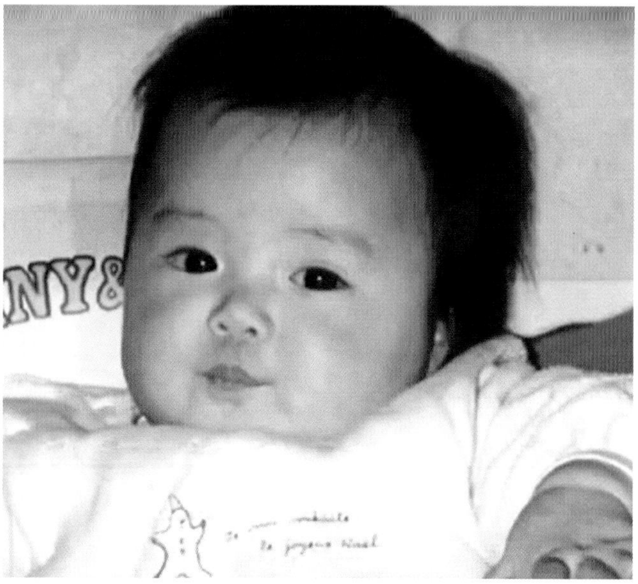

1992年8月20日白石家の次女として誕生。「今もお父さん似って言われるんですけど、この写真はとくに似てます（笑）」

2011年8月、乃木坂46の最終オーディション。「西野カナさんの『このままで』を歌いました」

2012年2月『ぐるぐるカーテン』でデビュー。「すごく初々しくて、今見るとちょっと恥ずかしいですね（笑）」

「膝丈、白ソックス、レトロ感のあるタータンチェックのワンピース。この衣装が乃木坂46の原点を作ったんだと思います」

生田絵梨花、生駒里奈、橋本奈々未と乃木坂四姉妹グラビア。「かわいい写真！　いくちゃんがまだ子供（笑）」

2012年春に撮影されたグラビア。「すべてのお仕事が初めてだらけで、夢中で毎日を過ごしてたな」

後列のお姉さん組と前列の年少組が初期の乃木坂46の定番フォーメーション

『偶然を言い訳にして』MV撮影終了後のオフショット。「逆回し撮影で、9年間のMVのなかでも一番大変だった記憶があります。終わった安心感で泣いちゃってますね（笑）」

2012年春、CM撮影で訪れたNY。「生駒ちゃんがめっちゃホームシックになってました（笑）」

『制服のマネキン』より。「かっこいい系のシングルは初めてで、印象に残ってます。MVでは制服にカーディガン巻いて踊りました」

「この撮影が終わったあとに、ロケ地の校庭でみんなでアイスを食べたのが懐かしいな」

2012年夏に〝真夏の登校日〟をテーマに撮影されたグラビア。「制服姿にプールって、すごく青春っぽいですよね。この学校で『走れ！ Bicycle』のジャケットも撮影しました」

乃木坂46のカラーでもある〝私立女子校〟っぽさがあふれているグラビア撮影現場だった

白石麻衣が初めてセンターを務めたシングル『ガールズルール』のグループ写真。「みんなで2日間みっちりロケをして、MVを撮影しました。すごく大変だったけど、その分、とても素敵な映像に仕上がっていてお気に入りの作品です」

『ガールズルール』のMVでは弓道部員役を演じた。「いくちゃんと撮影の合間にたくさん喋った思い出があります」

2012年冬に撮影されたソログラビア。「頑張って大人ぶって写ってるけど、今見ると、まだまだ幼いですね（笑）」

『夏のFree & Easy』MV。「乃木坂46のMVのおしゃれなイメージが浸透してきた頃かな」

2016年夏に撮影したソログラビア。「写真集『パスポート』のスタッフさんと、この現場で出会いました」

『命は美しい』より。「制服衣装ではリボンよりネクタイ派。ボタンをひとつ開けて着るのが定番コーデでしたね」

『裸足でSummer』より。「自撮りでジャケットを撮影しました。タイミングバッチリで、これはまさに奇跡の1枚です！」

『命は美しい』MV。「スニーカーの衣装でバキバキに踊りました！　リハも大変だった思い出があります」

『サヨナラの意味』より。「この頃から、モードっぽいかっこいい系の写真が増えていきましたね」

2017年2月、橋本奈々未の卒業ライブより。「同い年の3人が集まってる時は〝最強だ！〟って思えました」

『インフルエンサー』MVより。「高速ダンスがすごく大変で、撮影現場はかなり修羅場でしたね。でもみんなで頑張って乗り越えたことで、乃木坂46が一歩前に進んだ実感がありました」

写真集『パスポート』より。「サンタモニカのホテルで撮影しました。LAでの撮影はいい思い出ばかりです。また行きたいな」

2017年冬、温泉旅館で撮影されたソログラビア。「のんびりお湯につかって癒やされました～」

「これは、寝起きのシーンだったので、ほぼすっぴん状態ですね」

2017年12月、『インフルエンサー』で日本レコード大賞を受賞。「全員で集中力を高めて最高のパフォーマンスを披露することができた、とても印象深くて感動的な夜でした。みんないい顔してるなあ！」

「この撮影のあと食べたお寿司が美味しかったなあ！　ちなみに、私は撮影中でもしっかりごはんを食べる派です（笑）」

2019年冬に撮影したソログラビア。「昔に比べて、柔らかい表情が多くなった気がします。いい意味でリラックスできるようになったのかな」

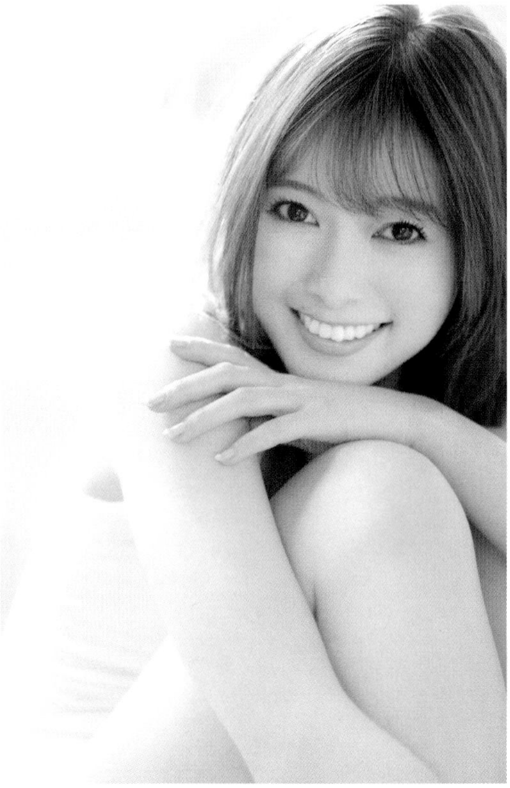

2018年春に撮影したソログラビア。「この時期、一瞬だけ前髪を作ってたんですよね。意外とレアな写真です！」

『シンクロニシティ』MVより。「シンプルな衣装で、ストレートにダンスだけで魅せるMVが乃木坂46っぽくて好きです。真冬に裸足で踊ってめちゃくちゃ寒かった！」

『ジコチューで行こう！』MVより。「きれいな夕焼けのシーンだけど、猛暑の海外ロケは大変だったなあ。このシーンでは、私の方から飛鳥にグッと近づいてみました（笑）」

2018年神宮球場ライブより。「乃木坂46のライブといえば雨！　だけど舞台裏ではちょっとでも乾かそうと思ってドライヤーしてました（笑）」

「メンバーから花束を渡されるシーンでは、思わず涙を流してしまいました。とっても思い出深い現場です」

『しあわせの保護色』MV撮影現場より。「1期生全員が選抜入りしてたので、たくさん記念写真を撮りました！」

RE:PASSPORT

PHOTO=KAZUTAKA NAKAMURA

50万部突破でアイドル写真集の歴史を塗り替えた『パスポート』。
2016年にアメリカ・西海岸で撮影されたこの白石麻衣の代表的作品から、
未公開カットで構成したフォトストーリーです。

TALK ABOUT HER

生田絵梨花が語る白石麻衣

まいやんが手をギュッと握ってくれて気がついたら泣いていました

加入間もない控え室での忘れられないワンシーン

●白石さんと初めて話した日のことを覚えていますか?

「今でも鮮明に覚えているシーンがあるんです。乃木坂46のオーディションに合格したあと、事務所で面談があったんですね。控え室で緊張しながら待っていたら、近くに座っていたまいやん、まいまい(深川麻衣・卒業生)たちが『あだ名とかある?』『なんて呼べばいい?』って話しかけてくれたんですよ」

●まだ〝いくちゃん〟というニックネームが定着する前ですね?

「そうですね。それで、私が答えに困っていたら、まいやんが『じゃあ、絵梨花でいい?』って聞いてくれたんです。私、オーディションのときからまいやんのことを女神だと思っていたので、名前を呼ばれたことにすごく照れちゃって(笑)。そしたら、別れ際にニコニコしながら『バイバイ~、絵梨花』って、手を振って見送ってくれたんですよ。あのシーンは一生忘れられないです」

●最初からフレンドリーに接してくれたんですね。

「最初はどうしても壁を作りながら接するじゃないですか。でも、まいやんは『ヤッホー!!』みたいなテンションで軽々、その壁を乗り越えてくる人というか。今はむしろ人見知りで、どちらかというと警戒心が強いイメージだけど、出会った頃は、壁のない人だなって印象でした」

●ということは、デビュー直後から白石さんとの距離感は近かった?

「でも、そんなにまいやんとの絡みはなかったんですよ。私は当時中3でグループのなかで年下組だったし、まいやんはお姉さん組だったので今ほど交流もなく、楽屋でわちゃわちゃ話す関係でもなかったです。ただ、『ガールズルール』のMVは、弓道部に所属する親友の役で、初めてまいやんとの距離が近い設定だったんです。ふたり一緒のシーンもけっこう多くて。今でも記憶に残ってるのは、夜のプールのキラキラした水面をバックにふたりでベンチコートを羽織って写真を撮ったこと。ツーショットを撮れてすごくうれしかったし、待ち時間にあんなにずっとしゃべったのも、たぶん初めてだったんじゃないかな」

●MV撮影の合間に、白石さんとはしゃいだり、ふざけ合ったりもした?

「う~ん、その頃はまだそういうノリもなかったんですよね」

●当時の生田さんは、カチッとした優等生のイメージがありました。

「本当にガチガチだったと思う(笑)。初期の頃、メンバー同士でボディタッチが流行ったんですよ。お尻をポンッて触ったり。だけど、メンバーの間で『いくちゃんは触れないよね』みたいな暗黙の了解があって。私としても『あ、そっとしておいていただけると』みたいな反応でした」

●「そんなノリはちょっと……」みたいな?

「そうですね。今だったら自分からも触りにいっちゃうけど(笑)」

『ガールズルール』のMVで、親友であり弓道部のライバルという設定を演じたことで距離が縮まったふたり。「夜のプールで撮ったまいやんとのツーショットは思い出の1枚」と生田。

白石麻衣をめぐる複雑な人間模様

●何がきっかけで、今のような仲の良い関係になったのでしょう?

「私にとってまいやんは、ずっと憧れの大好きなお姉ちゃんのような存在で、サポートしてもらっている感覚だったので、一緒にふざけ合ったりすることがなかったんです。ただ、初期の頃から、まいやんはいろんなところで私のことを〝推しメン〟って言ってくれて、いつも明るく話しかけてくれました。そういうまいやんからの歩み寄りがあったからこそ、時間とともに徐々に一緒にはしゃいだり、自然体で接することができるようになったんだと思います」

●白石さんの明るさに引っ張られるように、生田さんも本来の天真爛漫な部分を出せた？

「カチッとした堅苦しい私がほぐれていったのは、まいやんのおかげかもしれません。楽屋でまいやんに『何かやろうよ』って言うと、いつもノリノリでやってくれるんです。どんなにくだらないことでも積極的に楽しもうとしてくれる。そういうお茶目さもかわいいんですよね」

●まじめな会話をすることもあった？

「そんなにないけど、あるとき現場でふと『いくちゃんがいないと嫌だな……』って言われたんです。1期生が少なくなってきて、まいやんもさみしい気持ちがあったんだと思います。それまで、まいやんが私にポロッて本音を漏らしたり、弱い部分を見せたりすることが一度もなかったので、その言葉がすごく印象に残っていて。今まで私に対して妹のように接してくれてたかもしれないけど、そのときに仲間として必要としてくれていると感じて、すごくうれしかったです」

●そんなふたりは、いつからか〝いくまい〟コンビと呼ばれるようになりました。

「そう呼ばれるようになったのって、わりと最近だと思う。楽屋でまいやんが甘えてきて、私が彼氏みたいな絡みをするようになったんですよ。そういうふざけたノリを始めてからコンビっぽくなったのかな？」

●松村沙友理さんと白石さんの〝さゆまい〟コンビもありますね。

「いや～、さゆりんは強いからなぁ。あと、さゆりんの愛が重い（笑）」

●ははは。でも、松村さんは「〝いくまい〟は尊すぎて、ふたりが絡んでいると私は一歩引く」と言っていました。

「いやいや、おなじことが言えますよ。

まいやんって女神のように
遠くに感じるときと
お姉ちゃんのように
近くに感じるときの両方ある
そのギャップでメンバーは
まいやんの虜になっちゃう

生田絵梨花
1997年1月22日生まれ。23歳。A型。ドイツ・デュッセルドルフ出身。2011年、乃木坂46の1期生として活動開始。ミュージカル女優としても活動し、その功績が認められ『第44回 菊田一夫演劇賞』の演劇賞を受賞。

〝さゆまい〟は同い年で、ポジションも近くて、最初から〝同志〟じゃないですか。きっと私が共有できてないようなこともあるんだろうなぁって。だから、ふたりが一緒にいるとき、私はちょっと遠くで見守っているんですよ」

●ただ、松村さんは「まいやんが〝推し〟だと公言しているのは、唯一、いくちゃんだけだから、どう頑張っても敵わない」と分析していました。

「ふふふ。うれしい。でも、そこに（大園）桃子も絡んできますよね。あと、意外に（齋藤）飛鳥ちゃんも斜めからシャッ！って入ってくるんですよ」

●白石さんをめぐる複雑な人間模様（笑）。

「私も不安になるんです。卒業を発表してから、まいやんもみんなと積極的にコミュニケーションを取って、いろんなメンバーに愛を返してるのを見ると、『あれ？ 私に〝好き〟って言ってたけど、今はみんなのことが好きなの？』って」

●「本命は私だったのに」みたいな？

「そうそう。でも、やっぱり、みんなのまいやんだから、最終的には『まいやんがしあわせならそれでいいか』ってなるんです。だけど、たまにこっちに来てくれると、『わぁ！ やっぱり私のこと見てくれてたんだ！』って思っちゃう（笑）」

●翻弄されてますね（笑）。

「私だけじゃなくてメンバーみんなが感じていることだと思うけど、まいやんってすごく遠くに感じるときと、すごく近くに感じるときの両方あるんです。女神のような存在かと思ったら、身近なお姉ちゃんみたいなときもある。そのギャップで、メンバーはふとした瞬間にまいやんの虜になっちゃうんです」

近くにあるものの温かさとありがたみ

●白石さんの卒業を強く実感したのはどのタイミングですか？

「『しあわせの保護色』のMV撮影のときかな。ラストカットでみんなと違う衣装を着たまいやんが、セットの扉の前に立ったときに『行っちゃうんだなぁ……』ってさみしさがこみ上げてきました」

●撮影が終わったあとはどうでしたか？

「みんな撮影中からウルウルしていて、終わったあとは大号泣だったんですけど、私、よくわからないところで泣いちゃったんです。撮影が全部終わってから『まいやんと一緒に写真撮りたい！』っていうメンバーが順番待ちの行列になってたんですね。私も並びながら、完全にファンの気持ちになって『かわいいなぁ～』って、その光景を見ていたんです。それで、私の順番になって『写真、お願いしまーす！』って言ったら、まいやんが手をギュッと握ってくれたんです。その手からいつもそばにいてくれたまいやんの温かさを感じて、『あ、近くにいてくれてる。うれしいな』って思ったら、いろいろこみ上げてきちゃって……。気がついたら泣いていました」

●まさに『しあわせの保護色』の歌詞のようですね。

「本当にそうですね。私の手をギュッてしてくれた瞬間、近くにあるものの温かさとありがたみを身に染みて感じました。本当にまいやんと出会えてよかったし、乃木坂46で輝くまいやんをそばで見ることができてしあわせだったなって思います」

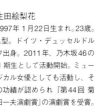

TALK ABOUT HER

齋藤飛鳥が語る白石麻衣

しーさんは愛を持って接したぶんだけ ちゃんと愛を返してくれる人なんです

ずっと遠くで見ていたあこがれの同期

●デビュー当時、白石さんは19歳、飛鳥さんは13歳でした。

「中学生の私にしたら、しーさん（白石）は年の離れたきれいなお姉さんっていう感じでした。1期生同士だけど、当時はそんなに深い関わりもなかったので、どういう性格なのかもわからなかったです。だから、テレビ番組の企画とかを通して、しーさんのキャラクターを知るような感じだったと思います」

●ファンと同じような目線で見ていた？

「そうかもしれない。デビュー当時はそれくらいの距離感で、ほぼ接点がないんじゃないかな。それからしばらく私がアンダーにいることが多かった時期は、しーさんがテレビや雑誌で活躍している姿を見て、『すごい人だなぁ』っていう完全なファン目線だったと思う（笑）。とくに、しーさんと橋本奈々未のペアのファンでした」

●どんなところが好きでしたか？

「ふたりともビジュアルが美しいのはもちろんですけど、同い年で、身長も同じくらいだし、ショートヘアとロングヘアというキャラクターの違いもあって、並んだときのバランスがいいなぁって思っていました。あと、仲は良いけどベタベタしない関係性で、ちゃんとした仕事仲間っていう感じも好きでした」

●当時中学生の飛鳥さんは「あのペア、美しいなぁ」と思いながら、ふたりのことを見てたんですね。

「たぶんグラビア撮影のオフショットで、白いドレスを着た橋本がしーさんを壁ドンしてる写真があるんですけど、あれもすごく好きで。しーさんって、メンバーみんなから好かれていて、〝愛〟を受ける側の人じゃないですか。でも、橋本に対しては〝愛〟を送っていたような気がして。橋本には、信頼関係と同時に愛もあったような気がするんですよね」

●オフショットといえば、デビュー半年後くらいの飛鳥さんのブログに、楽屋で白石さんと一緒に撮った写真をのせていませんでしたっけ？

「あ〜、ありましたね。私がしーさんのお尻を触っている写真（笑）」

●あの時期、すでに仲が深まっていたわけではない？

「あの写真は、ファンの人にブログのコメントでお願いされたから撮ったもので、その頃もまだ距離はあったように思います。というか、しーさんと普通に話せるようになったのは、本当にここ数年のことなんですよ」

長年かけて縮まったふたりの距離感

●その後、飛鳥さんがグループの中で重要なポジションに立つようになると、白石さんとふたりでの仕事も増えていったと思います。

「しーさんと少人数で撮影すること自体がほぼなかったけど、今から4年前くらいかな？『裸足でSummer』でセンターになることが発表されて、初めてしーさんとふたりで雑誌の表紙撮影をしたんですよ」

●緊張しましたか？

「ずっとそわそわしてたけど、その撮影のときは『しーさんと一緒の仕事をやらせてもらえるんだ。うれしいな』って気持ちがありました。ただ、その頃すでに、しーさんは個人でも活躍していたので、自分がとなりに並ぶのはちょっとおそれ多いなっていう気持ちが、その後もしばらくありましたね」

●白石さんとのプライベートでの思い出は？

「なんだろうなぁ……。乃木坂46メンバーのなかで初めて一緒にお酒を飲んだのが、しーさんだったんですよ。以前から『飛鳥が20歳になったら飲みに行こうね』って言われていたけど、社交辞令かなと思って、あまり本気にしてなくて。でも、『真夏の全国ツアー2018』の宮城の公

エースの共演が話題を集めたユニット曲『のような存在』。MVでは男子生徒と家庭教師に扮したふたりの仲睦まじい姿を見ることができる。ラストのキスシーンは白石のアドリブだとか。

演が終わったあと、しーさんが『行こうよ』って誘ってくれたんです」
●うれしかったですか？
「それは、まぁ（笑）。マネージャーさんも同席していたんですけど、テーブルの向かいにしーさんが座って、サワーを頼んだので、私も同じものを注文したような気がする」
●飛鳥さんはそういう場で、積極的にしゃべるんですか？
「いや、緊張してあんまりしゃべれなかった（笑）。そもそも会話を弾ませるのが上手なタイプではないので。でも、あとで私の母に『しーさんと乾杯して、20歳のお祝いをしてもらった』って報告したら、『よかったねぇ』ってうれしそうでした。母は1期生のことが大好きなので（笑）」
●ふたりの距離が縮まって、深く関わるようになるのはそのくらいの時期から？
「そうですね。その年の冬にCM撮影でしーさんと一緒になって、空き時間にいろいろお話をして、ちょっと近づけたかなって思いました。何年かかってるんだよ！って感じですけど（笑）」
●そのCM撮影の裏側に、飛鳥さんに密着していた『情熱大陸』のカメラが入っていたんですよね。
「そうそう。密着中に『控え室で白石さんと一緒にごはんを食べるシーンを撮りたい』って言われたとき、スタッフさんには『多分、無理だと思いますよ』って伝えていたんですよ。そしたら、しーさんが『全然いいよ。一緒に食べようよ』って言ってくれて」
●ごはんを食べながら、白石さんは「飛鳥はこれからの乃木坂46を引っ張っていく存在」だと言っていましたね。

20歳になって初めて
一緒にお酒を飲んだ
メンバーがしーさんでした
母に「しーさんに20歳のお祝いしてもらったよ」って
報告しました

齋藤飛鳥
1998年8月10日生まれ。22歳。O型。東京都出身。2011年、乃木坂46の1期生として活動開始。『裸足でSummer』『ジコチューで行こう！』『Sing Out！』など多数のシングルでセンターを務める次世代エース。

「で、私が『う〜ん……』って返事をしたら、『う〜ん、じゃなくて！ 謙虚すぎるんだよ』って叱ってくれました（笑）。でも、そうやって気にかけてくれることがうれしいです。私が、仕事で落ち込んでいたときに、しーさんがロケで行ったカリフォルニアのディズニーランドのボールペンをお土産にくれたこともあるんです。階段の踊り場のところで『これあげる』って、何気なくボールペンを渡されたんですけど……」
●ふいの優しさを感じた？
「うれしくて抱きついちゃいました（笑）。いまもそのボールペンは持っていて、大切に使っています」

愛を持って接したぶんだけ愛を返してくれる人

●デビューした当時は「テレビを通してキャラクターを知った」と言っていましたが、9年間一緒に活動してきて、白石さんはどんな人だと思いますか？
「まぶしい存在だけど、気さくで話しやすい人。それと、愛を持って接したぶんだけちゃんと愛を返してくれる人だと思います」
●白石さんはどんなふうに愛を返してくれたんですか？
「出会った頃は、おなじ1期生だけど、年齢が離れていたこともあって、しーさんとどう接すればいいのかわからなかったんです。しーさんが活躍している姿を離れたところから見ているような、ずっと遠い存在でした。でも、ここ2、3年くらい『好きなメンバーは？』『あこがれのメンバーは？』『かわいいメンバーは？』って聞かれたときに、しーさんの名前を挙げるようになったんです。そしたら、しーさんからも声をかけてくれるようになりました。私の誕生日に連絡をくれるようになったり」
●それまでずっとその気持ちを白石さんに伝えていなかった？
「しーさんを好きだっていうことは、本人にもまわりにも言ってなかったです」
●どうして言うようになったんですか？
「どうしてだろう？ う〜ん……。きっと、言わないと伝わらないんだろうなっていうのがあったから。自分の気持ちをちゃんと言葉にしないといけないと思って、言い出したのはあるかもしれない。伝えるまですごく時間がかかっちゃったけど……。それと、しーさんがいつまで乃木坂46にいるかわからないので、いるうちに伝えなきゃ、っていう思いもあった気がします」
●2、3年くらい前に、白石さんも「飛鳥は、たぶん私のことが好きだと思う」って言ってましたよ。
「それ、言いますよね。すごいよく聞く（笑）」
●そんな白石さんが卒業する日が近づいています。
「いままでふたりでやっていた仕事とか、少人数で必ずしーさんがいた現場に、しーさんがいないので『あ、もう……そっか……』って思うんですけど、でも、あんまりさみしくはないんですよね」
●それはどうしてですか？
「だって頑張ったじゃないですか。乃木坂46のためにたくさん、ずっと。だから、いまは本当にありがとうございますって感謝を伝えたいのと、しあわせになってほしいなっていう気持ちでいっぱいです」

TALK ABOUT HER

大園桃子が語る
白石麻衣

きれいで、かわいくて、優しくて
好きな気持ちを抑えられなかった

白石麻衣を知らずに受けた乃木坂46オーディション

●大園さんは、乃木坂46に加入する前、白石さんのことを知っていましたか?

「正直、お名前までは知らなかったんですよ。でも、地元のセブン-イレブンのレジのところに乃木坂46の写真が飾ってあって、友だちと『この人、めっちゃきれいじゃない?』って言っていたのが、じつは白石さんだったんです」

●のちに、そのきれいな人が白石さんだったことがわかったんですね?

「乃木坂46のオーディションを勧めてくれた高校の先輩に『審査員の人から〝あこがれの先輩は?〟っていう質問をされるだろうから、ちゃんと答えられないとダメだよ』って言われていたので、乃木坂46についていろいろ調べたんです。それで、オーディションを受けている途中に白石さんのことも知りました」

●本当に何も知らずにオーディションを受けたんですね(笑)。白石さんと最初に話したときのことは覚えていますか?

「初めてちゃんとお話したのは雑誌のグラビアでペアの撮影をしたときだと思う。緊張していた桃子に笑顔で話しかけてくれて、親しみやすい人だなって思いました。あと、そのときにびっくりしたのが、私が送ったLINEに対して、白石さんから丁寧な返事が返ってきたんですよ」

●どういうLINEを送ったんですか?

「桃子が『今日はありがとうございました』って送ったら、スタンプとか一言で返ってくるかなと思っていたんですけど、きちんとした文章で返してくれました。お仕事に対して気を抜かないのはもちろんなんですけど、普段からきちんとしている人なんだなぁって印象があります」

●大園さんは白石さんにくっついたり、甘えたりしているイメージがあります。乃木坂46に入って、お姉さんができたような感覚だったんですか?

「お姉ちゃんがいたことないので、そういう感覚なのかわからないけど……。単純に、大好きな人ができた! っていう感じかな。それで、自分からグイグイいっちゃったところもあったと思います」

●普通だったら、新加入メンバーは「白石さんとなんてツーショットを撮るだけでドキドキする」みたいな反応ですよね。

「たぶん、桃子があんまり乃木坂46を知らないまま加入したのもあるんだと思います。加入したばかりの後輩からしたら〝偉大すぎて、なかなか話しかけられない先輩〟みたいな存在じゃないですか。でも、桃子はそこまで白石さんのことを知らなかったので、『きれいだし、かわいいし……優しい!』と思ってしまって。好きな気持ちを抑えられなかった(笑)」

休養期間中に言われた忘れられない言葉

●白石さんとプライベートで遊んだり、食事に行ったりしたことは?

「ありますよ。『逃げ水』の期間中、白石さんとお仕事が一緒になることが多くなって、ふたりでごはんを食べに行きました。ごはんを食べたあと、白石さんが『まだお家に帰りたくないから家に行こうよ』って言って、桃子の家に遊びに来てくれたんです。そのときは、組み立てて飛ばすとヒューンって戻ってくる飛行機のおもちゃで白石さんと遊びました(笑)」

●ははは。男子小学生みたいな遊びをしてますね(笑)。

「部屋の中で桃子が飛行機を飛ばしてみせたら、白石さんが『ええっ!? すごい!』って言ってくれて。そういうふうに一緒に楽しんでくれるところも大好きなんです」

●その後も何度か食事をしましたか?

「はい。桃子の家で寄せ鍋をしたり、焼き肉にも何度も誘ってもらいました。桃子はいつでもOKなので、白石さんの予定が空いていれば誘ってくださいっていうスタンスなので。ただ、白石さんから

姉妹のようにも見える〝白桃〟コンビ。笑ったり、ふざけ合ったり、ときには涙を流したり。大園が道に迷ったときにはアドバイスをもらうなど、よき先輩として白石のことを慕っていた。

の誘いを断ってしまったこともありました……」

●それはどうしてでしょう？

「去年の春頃に体調を崩してしまって、半年くらいお休みしてたんです。あのときは、落ち込んだ状態で会っても白石さんに失礼だなと思って、なかなか行けませんでした。それでも白石さんは『最近どう？』って連絡をくれて、気遣ってくれました」

●優しい先輩ですね。

「白石さんは最初からびっくりするくらい優しかったです。だって、どの現場でも緊張してメソメソ泣いて、何もしゃべれなかった桃子に優しくしてくれて……。普通だったら、そんな後輩は嫌いになるか、面倒くさくて関わらないかだと思うんですよ」

●世話が焼ける後輩にも、きちんと向き合ってくれた。

「それで、桃子の体調がすこし良くなって、ひさしぶりに白石さんとごはんに行ったんです。弱音ばかり吐いてウジウジしている私に、白石さんは『うんうん』ってうなずいて、ずっと話を聞いてくれました。そのときに『みんなにたくさん面倒をかけて、このままグループにいても迷惑じゃないですか？』って相談をしたんです。そしたら、白石さんがちょっと怒ったように『そんなことない。だって、天才だもん、桃子は』って言ってくれたんです」

●白石さんのその言葉が立ち直るきっかけにもなった？

「私のことをそういうふうに思ってくれているんだな、もうちょっと頑張らなきゃって思ったりもしました。白石さんは後輩たちの面倒を見ていることを絶対に自分からひけらかさないけど、私だけじゃなくていろんな人のことを見て、いろんな人のことを気遣ってくれている人なんです」

出会ってから今日まで
すべての思い出が大事だし
すべての思い出が忘れられない
東京に出てきて誰よりも
親密な関係になってくれた人が
白石さんだったから

大園桃子
1999年9月13日生まれ。21歳。O型。鹿児島県出身。2016年、乃木坂46の3期生として活動開始。18thシングル『逃げ水』では与田祐希とともにセンターを務めた。鹿児島訛りと天真爛漫さが魅力。

先輩を送り出すために しあわせな笑顔でい続けたい

●白石さんの卒業発表を聞いたときはどんな気持ちでしたか？

「本当にさみしかったです。でも、誰にでもいつか卒業の日は来るし、ずっと『そろそろなのかな……』と思っていたので、心構えはできていたかもしれないです。卒業を聞いたあと、『白石さんがいなくなったら無理かもしれないです』って直接伝えたら、ニコッて笑ってましたけど（笑）。白石さんがいなくなったあとの乃木坂46を知らないので、そのときにならないと自分がどんな気持ちになるのかわからないかも」

●でも、いまこうして話していて、大園さんはそれほど湿っぽさがないですね。

「湿っぽさ？」

●メソメソしてない、というか。

「『しあわせの保護色』のMVを見ていると、笑顔になっちゃうんですよ。白石さんのまわりを1期生のみなさんがニコニコ笑って囲んでいて、すごく美しい世界を見ているような気持ちになるんです。だから桃子も、さみしくてメソメソするんじゃなくて、とびきりしあわせな笑顔でい続けることが自分の役目だと思っています」

●忘れられない思い出のMVになりましたね。

「白石さんと出会ってから今日まで、すべての思い出が大事だし、すべての思い出が忘れられないです。東京に出てきて、誰よりも親密な関係になってくれた人が白石さんだったから……」

●そんな優しい白石さんを独占したい、という思いはなかったですか？

「いや、松村（沙友理）さんと生田（絵梨花）さんには敵わない。おふたりには勝負しようとも思ってないです」

●どうして敵わないと感じるんですか？

「見ているだけで涙が出そうなくらい美しい関係だから。お互いに心までわかり合っているなぁって感じるんです。それを見ていると、なんだかすごく美しい関係だなぁって。だから、白石さんのことは大好きだけど、桃子は一番にはなれないのもわかってるんです。あ、でも、3期生のなかでは一番だと思いたい。桃子はあんまり競争するタイプじゃないけど、そこは負けられない！」

●卒業後も白石さんがしあわせになることを願っている？

「卒業して、白石さんもいつかきっと結婚する日が来るじゃないですか。真っ白なウエディングドレスを着た笑顔の白石さんを想像するだけで、涙が出そうになるんです……。結婚式場できれいなドレスを着た松村さんも泣いてるし、生田さんも泣いていると思うんです。あ、想像したら本当に涙が出てきちゃった……」

●想像のなかで、大園さんも白石さんの結婚式で泣いていますか？

「結婚式に呼ばれてたらいいな（笑）。でも、桃子、その美しい世界を見ておきたい。ジャマしないように、はしっこでもいいから見させてほしい。きっと、それ以上のしあわせはないんだろうなぁ」

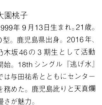

MESSAGE FROM NOGIZAKA46

乃木坂46メンバーから白石麻衣へ

メンバーたちから白石麻衣への愛と感謝にあふれたメッセージ。
その温度が伝わるよう、ノーカットでお届けします。

北川悠理

YURI KITAGAWA

4期生　2001年8月8日生まれ

●白石さんとの思い出のエピソード

・初めての『乃木坂工事中』の収録でうまく話せずに落ち込んでいた私に声をかけてくださいました。私がアメリカで住んでいた地元についての何気ない会話でしたが、温かさにすごく救われました。

・2019年のバースデーライブで、『乃木坂工事中』の収録の合間に話しかけてくださったことへの感謝をお伝えさせていただいた時に、白石さんが、全然なんでもないよ、という感じで、この方は本当に心から優しい方なんだな、と思いました。バースデーライブの期間中、「ゆりちゃん!」と手を振ってくださったり、声をかけてくださったりしたことが、初めての先輩方とのライブで緊張していた私の心をほぐしてくださいました。

・テスト期間中に撮影があったため、4期生がみんなで話している輪に入れず、1人で勉強しなければならなかった際、何度か声をかけてくださって、一緒に家庭科の教科書を読んでくださいました。すごくうれしくて、頑張ろう、と素直に思える原動力になりました。

・全国握手会の会場など、お会いする機会があった時に、「テストお疲れ様!」や、「どうだった?」などと声をかけてくださいました。学業との両立は、すごく大変でしたが、白石さんの優しさが私にとっては大きな原動力になっていました。

・今までしたことがなかった髪型をして、誰とも目が合わせられないくらい緊張していた日に、「かわいい!」と声をかけてくださいました。

・最初の頃、円陣を組む際に白石さんの隣だった時、円陣の形上、腰に手を添えるのですが、先輩にも同じようにしていいのかわからず、「いいですか?」と伺ったら、「肩でいいよ!」と気さくに答えてくださいました。

・バレンタインでチョコレートを先輩方にお渡ししようと思って、念のため50個ほど作ったのですが、タイミングがなかったり、勇気が出せなかったりで、なか

●白石さんを一言で表すとどんな人

「女神」。同じ人間だとは思えないからです。

●白石さんのここが好き

お仕事に対する姿勢。常ににこやかで、やる時はやる。というところが憧れです。

●白石さんへのメッセージ

いつも勇気が出ないのですが、残りの時間を大切にしたいので話しかけにいけるように頑張ります。
白石さんと出会えてよかったです。

金川紗耶

SAYA KANAGAWA

4期生　2001年10月31日生まれ

●白石さんとの思い出のエピソード

バースデーライブで、私がうまくいかなくて、泣いている時に、白石麻衣さんと松村沙友理さんが慰めてくださって、とても優しい方だなとあらためて思いました。

●白石さんと初めて会った時の第一印象

すごく綺麗で、テレビで見るより白くて、すごく女神様みたいでした。

●白石さんを一言で表すとどんな人

プロ意識が高くて、努力をしている方です。

●白石さんのここが好き

すごく優しくて、笑顔が素敵で、なんでも完璧にこなすところです。

●白石さんへのメッセージ

今まで乃木坂を作ってきてくださり、私たちをこの素敵な場所に入れていただき、優しく接してくださり、たくさん背中を見せてくださり、本当にありがとうございます!! すごく大好きで、もっともっとお話をしたかったです。これからも応援しています!!

●白石さんと初めて会った時の第一印象

すごく綺麗で美しくて、初めて選抜メンバーに参加させていただいた時、レッスンルームに入ってくる時のオーラがすごすぎて圧倒されていました。だけど笑顔が素敵でとても気さくでそれも含めて美しいなと思いました。

●白石さんを一言で表すとどんな人

プロフェッショナルだなぁと思います。仕事に対する姿勢を本当に尊敬していて、何事にも全力だし、誰に対しても笑顔で優しいので現場の雰囲気が自然と明るくなるなぁと思うし、何に対してもプロ意識がすごいなぁとすごく思います。

●白石さんのここが好き

容姿の美しさはもちろんなんですが、やっぱり仕事に対するプロ意識が本当にかっこよくて私の憧れです。

●白石さんへのメッセージ

緊張してしまってなかなか話しかけられませんでしたが、いつも遠くからかっこいいなぁ美しいなぁと見ていました。
たくさんのことを白石さんから学びました。何も知識がないまま先輩方の中に入って活動させていただいたのでご迷惑をおかけしてしまったこともたくさんありますが、それでも優しく受け止めてくださって本当にうれしかったです。卒業しても頑張ってください!
白石さん大好きです。

掛橋沙耶香

SAYAKA KAKEHASHI

4期生　2002年11月20日生まれ

●白石さんとの思い出のエピソード

神宮コンサートの舞台裏で一緒にお写真を撮っていただいた時に、私のスマホの待ち受けの画像が白石さんのお写真だったのに気づいて喜んでくださったこと。

●白石さんと初めて会った時の第一印象

瞳がキラキラで髪も艶々でお美しいなあと思いました。

遠藤さくら

SAKURA ENDO

4期生　2001年10月3日生まれ

●白石さんとの思い出のエピソード

『夜明けまで強がらなくてもいい』のMV撮影の前日、切ったか切ってないかわからないくらい数センチ髪の毛を切ったのですが、撮影中に白石さんが一番に気づいてくださいました。とてもうれしかったです。

●白石さんと初めて会った時の第一印象

本当の女神様を見た気分でした。

●白石さんを一言で表すとどんな人

一つひとつの仕事に対しての意識が高くてかっこいい。

●白石さんのここが好き

美の憧れはずっと白石さんです。面白いことをして笑い合っている姿が本当に大好きです。

●白石さんへのメッセージ

白石さんのいつも眩しい笑顔と優しさに、何度も救われました。一緒に活動することができて、本当に幸せです。
ずっと尊敬し続けます。

賀喜遥香

HARUKA KAKI

4期生　2001年8月8日生まれ

●白石さんとの思い出のエピソード

CM撮影の時に、白石さんと2人での待ち時間が多かったんですが、私が緊張してしまって話せずに座っていたら 笑顔で話しかけてくださって、すごく不安だったのでその声かけがとっても救いでした。

ことに手を抜かないでやり切る姿やメンバーへの接し方などを見てきて、外見だけでなく内面も本当に素敵な方だなと感じたので、憧れの象徴のような人だなと思います。

●白石さんのここが好き
本物の女神様のように美しい！
とても気さくで優しい！
ダンスがとても綺麗！

●白石さんへのメッセージ
白石さんのお仕事をする姿勢などを見て「私もこうしてみよう！」とか、「こうした方がいいかもしれない！」と学ぶことがたくさんありました。
白石さんと一緒に乃木坂46で活動できて本当によかったです！

筒井あやめ
AYAME TSUTSUI

4期生　2004年6月8日生まれ

●白石さんとの思い出のエピソード
白石さんと松村さんが海外のロケでお土産を買うってなった時にまさかの私へのお土産を選んでくださって、かわいいヘアピンをいただきました。大切に大切に飾ってあります。

●白石さんと初めて会った時の第一印象
本当に綺麗で白くて最初は直視できなかったです。でも、すごく気さくな方で楽屋ではいつも笑顔ですし、先輩メンバーの方とふざけ合ったりしているのもよく見かけます。

●白石さんを一言で表すとどんな人
「憧れ」です。
ほかのお仕事でライブのリハーサルにあまり参加できていなかったにもかかわらず、本番ではバシっとキメていらっしゃっていますし、モデルのお仕事やドラマ、映画のお仕事など、アイドル以外でもたくさん活躍されているところとか、外見も中身もやっぱり誰しもが憧れる存在だと思います。

●白石さんのここが好き
美しい。笑顔。気さくなところ。真剣な表情。先輩方とふざけ合っている時。優しい。もうたくさんあります……。

●白石さんへのメッセージ
白石さんへ。
ライブのリハーサルの時とか、番組の収録の時とか、こっそり目で追っちゃっていました。
本当に美しくてそして優しい白石さんが大好きです。
白石さんが大切にしている乃木坂46の力に、私もなれるように頑張ります。

清宮レイ
REI SEIMIYA

4期生　2003年8月1日生まれ

●白石さんとの思い出のエピソード
ささいなことですが「おはよう」と挨拶を返してくださったことが記憶にすごく残ってます。
ライブの時おいしいご飯がたくさんあるなか、サラダを食べていて美しさの裏に努力もあるのだなと尊敬しました。

●白石さんと初めて会った時の第一印象
緊張しすぎてあまり記憶にないのですが、とにかく美しくて本当にこの世に実在するんだなと思いました。

●白石さんを一言で表すとどんな人
フリージア。
フリージアのお花のように明るくて温かくて気さくな方。

●白石さんのここが好き
毎回美しくて驚きます。映画『スマホを落としただけなのに　囚われの殺人鬼』を見させていただいたのですが、どのカットも美しくてこんな方が先輩なんだなってすごくうれしくなりました。

●白石さんへのメッセージ
ご卒業おめでとうございます。これから白石さんの活躍を本当に本当に楽しみにしています！お身体にお気をつけて。いつでも応援しています。

田村真佑
MAYU TAMURA

4期生　1999年1月12日生まれ

●白石さんとの思い出のエピソード
『乃木坂工事中』で一緒に演技をした際に緊張してた私にとても気さくに声をかけてくださって、そのおかげで緊張が和らいだので本当に素敵な方だなと思いました。

●白石さんと初めて会った時の第一印象
「同じ人間かな!?」と確認をしたくなるくらいお綺麗で驚いたのを覚えています。今でも現場などで会うと見つめてしまうくらいお綺麗だなと思います。

●白石さんを一言で表すとどんな人
憧れの象徴。
私は入る前から白石さんを画面上で見ていて、その時からアイドルとしてモデルとして色々なことでキラキラ輝いていてこんな女性になりたいなと思うことがたくさんあったのですが、乃木坂に加入させていただいた後も色々な場面ですべてのあたたかい、素敵な方だからです。本当に感謝の気持ちでいっぱいです。

白石さんが卒業してしまうのは、本当はとても悲しいです。でも、ここを転機に、私は変わろうと思います。
白石さんのようなかっこいい、素敵な人間になれるように、もっとしっかりします。頑張ります。
いただいた優しさを、きっと何かに変えます。絶対に、無駄にしたくないです。

これからもよろしくお願いいたします。
本当にありがとうございました。

柴田柚菜
YUNA SHIBATA

4期生　2003年3月3日生まれ

●白石さんとの思い出のエピソード
・名前順で「柴田」「白石さん」ってお隣り合わせなのですが、名前が並んでいるだけでもうれしいです！　私の母がいつもライブの時に、会場の外にある名前の旗の写真を撮って送ってくれます！
・バレンタインに本命チョコとお手紙を渡しました！　バースデーライブの時に、白石さんから「写真撮ろう～」と声をかけてくださいました！　あの時に声をかけてくださっていなかったら、今頃私は一緒に撮れなかったと後悔していたと思います……！

●白石さんと初めて会った時の第一印象
白石さんがいらっしゃると空気が明るくなるな～という印象でした！

●白石さんを一言で表すとどんな人
とてもかっこいい人。
お仕事に対して真面目な姿勢やライブで輝いてる白石さんは一言では表しきれないのですが、とてもかっこいいなと思いました！

●白石さんのここが好き
真面目、優しい、心が広い、おちゃめ、いつもはクールに見えるほど美人なのに笑顔がとってもかわいらしいところが大好きです!!

●白石さんへのメッセージ
実は白石さんに片想いしています。白石さんのことがすっごく大好きです。アイドルとして先輩としてだけではなく、女性としても本当に素敵です。ご卒業されてもずーっと憧れです！　もっと一緒に活動したかったです。またお話したいです！

なかなかお渡しできず、もう解散になってしまい、余ってしまうかなと少し落ち込んでいたところで、白石さんがチョコレートを「もう一つもらっていい?」と言ってくださいました。頑張って作ったのに勇気を出せなかった自分に少し悲しくなってしまっていた時だったため、その言葉と行動が本当に温かく感じました。さりげない優しさで白石さんにはたくさん心を助けていただき、とても感謝しています。

●白石さんと初めて会った時の第一印象
美しい方。
それが次第に、内面から、心から美しい方に変わっていきました。

●白石さんを一言で表すとどんな人
優しい、温かい。

●白石さんのここが好き
優しいところです。
本当に本当に、本当に優しい、素敵な方です。
何度助けていただいたか、わかりません。
白石さんにとっては何気ないことなのかもしれませんが、一つひとつの優しさが、私にとってはとても大きな救いとなっていました。
人は優しさを受けた分だけ、人に優しさを与えられるようになる、というフレーズはよく耳にしますが、では一番最初の発信者は誰になるのだろう、と私はずっと疑問に思っていました。
でも、白石さんとお会いして、お話しさせていただいて、「あっ、このような方が世界に優しさをもたらしてくださっているんだな」と知りました。
それくらい、白石さんは優しさで溢れている方だと思います。

もちろん、白石さんの歌声やダンスも大好きです。声が好き、話し方が好き。洋服のセンスも大好き。ほかにもたくさんあります。お仕事の時の空気感もかっこよくて大好きです。でも、なにより私は白石さんの人間性に一番憧れます。

困っている時に手を差し伸べてくださったり、不安がある時にそっと察してくださったり、特殊な能力があるのではないかと思ってしまうほど人間性が素晴らしくて、いつでも誰にでも優しくて、私もそんなふうになりたいとつくづく憧れます。
お会いするたびに、もっともっと、どんどん、大好きになってしまう、白石さんは紛れもなくそんな方です。

人生の中で出会うことができて本当に良かったな、と心から思える方です。

私も、いただいた優しさをお返ししたり、pay forwardできるようになりたいです。

私の永遠の憧れです。

●白石さんへのメッセージ
白石さんへ。
ご卒業おめでとうございます。
そして、本当に色々とありがとうございました。北川悠理です。

白石さんのことが私は大好きです。なぜかというと、白石さんがとても優しくて

と貢献できるように、これからも乃木坂46の一員として素敵なグループを守ることができたらいいなと思っています。白石さん、ずっとずっと大好きです！

梅澤美波

MINAMI UMEZAWA

3期生　1999年1月6日生まれ

●白石さんとの思い出のエピソード

一番印象に残っているのは、7thバースデーライブの２日目終了後、ステージ上でメンバー全員で記念撮影をしたあと、プレッシャーからステージを降りた後泣き崩れてしまったことがあって。少し落ち着いて一人で着替えていたら横にサッときてくださり、「私もそうだったよ」と励ましてくれたこと。この日は〝御三家〟のユニット曲『急斜面』や、橋本（奈々未）さんがセンターを務めていた『孤独な青空』の披露があった日で自分的にも特に緊張していました。ファンの方や先輩メンバーさんの思い入れも強いことを理解していました。当然のことながら色々な声を目にして、涙が止まらなくなって、自分でも、「ああ、ここまで追い詰められてたんだな」と思った時に白石さんがかけてくださった言葉はかなり大きかったです。あとは今年バレンタインデーチョコをいただきました♡

●白石さんと初めて会った時の第一印象

私の場合は13枚目シングル『今、話したい誰かがいる』の握手会で、いちファンとメンバーとして初めてお会いしました。6枚目シングル『ガールズルール』あたりから好きになり始め、初めて会いに行けたのは13枚目シングルの握手会。大好きだったが故に自分の番が来ると号泣したことを覚えています。あんなに美しく綺麗なのに、握手対応は気さくで話しやすくて、これは誰もが虜になるなあと、思いました。

●白石さんを一言で表すとどんな人

努力家。

何でも器用にそつなくこなすし、誰が見ても完璧。でも、その裏にはかなりの努力が隠されていると思います。それこそ人には絶対に見せませんが、スケジュールの都合で参加できていないライブリハなどでも、通しリハでは完璧にできていたり、お仕事のミスをしているところもほぼ見たことがありません。誰よりも細かく振り付けを覚えていたり。プロである以前にかなりの努力家な方だなって、思います。そんなところも憧れであり、私たち後輩が学ぶべき姿だと思います。努力は見せるものじゃないということを。

●白石さんのここが好き

顔もスタイルもセンスも声もすべて、憧れます。憧れではない部分がない、私の理想の女性像です！

●白石さんへのメッセージ

いいところもあって、人として本当にかっこよくて素敵な方だなと思います。

●白石さんのここが好き

・どんなに朝早くても夜遅くてもいつ見ても美しい。

・メンバーと楽しそうに話している姿がとてもかわいい。

・番組などでモノマネや無茶ブリをされてもきちんと対応できる柔軟さ。

・おいしい食べ物にテンションが上がっている姿がかわいい。

・『世界で一番 孤独なLover』などクールな曲の時の眼差しがかっこいい。

・すれ違うといい香りがする。

・後輩にも気さくに接してくれる。

●白石さんへのメッセージ

まずはご卒業おめでとうございます。

乃木坂に入る前から素敵な方だなと思っていたのですが乃木坂に入って、見たりお話させていただいてもっともっと素敵な方だなと思ったしますます好きになりました。すごくお忙しいのにもかかわらず疲れた姿を見せずにいつも明るく優しい姿を見せてくださる白石さんに希望を貰っていました。本当にありがとうございました。

岩本蓮加

RENKA IWAMOTO

3期生　2004年2月2日生まれ

●白石さんとの思い出のエピソード

中学生だった頃、全国ツアーのライブ中、出番じゃない時に舞台裏で踊っていたら、通りかかった白石さんに腕が当たってしまって全力で謝ったのですが、冗談で「おい〜！」と言われ、その後「全然大丈夫だよ」と優しく言ってくださったのが初めての会話だったのですごく覚えています。優しくて面白い方だと思いました。

●白石さんと初めて会った時の第一印象

目が大きすぎて、落ちちゃいそうでした。お顔も小さくて肌も真っ白で、本当に同じ人間か疑いました。今でも疑っています。

●白石さんを一言で表すとどんな人

努力・感謝・笑顔。すべて持っている完璧な方。

どんなに大きな存在になっても、変わらず腰が低く、私たち３期生が加入した時も優しく接してくれました。

●白石さんのここが好き

とりあえず、美しすぎるお顔とスタイルに憧れます。それと、クールな表情とは反対に楽しいことが大好きで、先輩方が集まってお話してる時に楽しそうに笑う白石さんが大好きです。

●白石さんへのメッセージ

私にはまだまだ未熟で、足りない部分がたくさんあると思いますが、白石さんが少しでも安心して卒業できるように、精一杯頑張ります。そして、乃木坂にもっ

・8thバースデーライブのリハーサルで失敗してしまい、悔やんで金川紗耶と楽屋の隅で泣いていたら、松村さんがお話を聞きに来てくださり、それを見た白石さんも持ってこられた自分のお食事をわざわざ置いて、話を聞いてくれて慰めてくださったこと。

●白石さんと初めて会った時の第一印象

お顔がすごく綺麗で、溢れ出るオーラに圧倒されました。

●白石さんを一言で表すとどんな人

人間らしい人。

うれしい、楽しい、幸せ、など気持ちを素直に表現するところや、いつもひとに寄り添っているところなど、まっすぐで素直に生きていらっしゃるところが人間らしいなと感じます。

●白石さんのここが好き

・肌が綺麗で白い。

・お顔が綺麗。

・気さくで、偉大な先輩なのに壁を感じないところ。

・とにかく優しい。

●白石さんへのメッセージ

私が白石さんと活動させていただけた期間はあまり長くありませんでしたが、頼もしい背中を見てたくさんのことを学びました。４期生の私にも優しい笑顔を向けてくださってありがとうございます。白石さんの幸せな未来を願っています。大好きです。

伊藤理々杏

RIRIA ITO

3期生　2002年10月8日生まれ

●白石さんとの思い出のエピソード

入ったばかりの時のライブで出番前に泣きそうになっていたら笑顔で声をかけてくださってすごくうれしくて助けられました。お茶目でとても優しいなと思いました。ライブ会場から楽屋までの移動の時に車の席が足りなくて席を譲ろうとしたら「いいよ〜じゃあここに座るね」と私の膝の上に座ってくださったことです。

思い出ではないかもしれないのですが、雑誌の質問にやりたいユニットで葉月と私と３人でやりたいと挙げてくださったのがすごくうれしかったです。

●白石さんと初めて会った時の第一印象

入る前は乃木坂のファンだったので実際初めてお会いした時は「本当にいるんだ…」と思いました。すごくお綺麗で眩しくてキラキラしていてあまり見れませんでした。

●白石さんを一言で表すとどんな人

「ミスパーフェクト」な人。仕事がどんなに多忙でもあまり弱音を吐いているところを見た事がありません。そしていつでも優しく明るくてよく笑顔の姿を見ます。仕事をきっちりこなすけどお茶目でかわ

早川聖来

SEIRA HAYAKAWA

4期生　2000年8月24日生まれ

●白石さんとの思い出のエピソード

『真夏の全国ツアー』で一緒に『ブランコ』を神宮で披露させていただきました。その時に緊張してたら「大丈夫だよ」って声をかけてくださって緊張をほぐしてくれました。その時の声がすごく優しくて天使だと思いました。

●白石さんと初めて会った時の第一印象

乃木坂46に加入してすぐのクリスマス会で先輩方の眩しいオーラに目が回り、どうしていいかわからなくなって気がついたら泣いていました。でもそんな時に真っ先にティッシュを持って「大丈夫？」と声をかけてくださったのが白石さんでした。とても優しかったです。

それに緊張して余計に涙が止まらなくなったのを覚えています。

●白石さんを一言で表すとどんな人

「白石麻衣」。

世間が知っている美人で、かわいくて、アイドルとしても非の打ちどころがない優しい人。

私達と世間のズレがないそのままの人ということです。メディアでも身内でも変わらずに美しく優しい裏表のない人で、本当に憧れます。

●白石さんのここが好き

メンバーはもちろん、スタッフさんにも気遣いができて優しいところ。

あと、笑った時の目尻が大好きです。

●白石さんへのメッセージ

いつも白石さんの背中を見て憧れています。いつでもどんな時でも見た目も中身も美しいのは本当に私の目標です。これから乃木坂46を卒業してたくさん活動を続けていくと思いますが、乃木坂46のこれからを見守っていただけたらうれしいです。私も白石さんが安心して卒業できるように一生懸命頑張ります。そして私も白石麻衣さんを応援したいです。大好きです。

矢久保美緒

MIO YAKUBO

4期生　2002年8月14日生まれ

●白石さんとの思い出のエピソード

・初めての『乃木坂工事中』の収録現場で、双子だという事を話したら覚えててくださり、後日「似てるの？写真見たい〜」と白石さんから言ってくださったこと。

・ライブの時に大声であおってらっしゃる白石さん。
・テンションが高い時の白石さんが普段とのギャップがあってとても好きです。

●白石さんへのメッセージ
白石さんにとっては些細なことかもしれませんが、私にとってはとてもうれしいことがたくさんありました。背中はまだまだほど遠いですが、お仕事に対する姿勢、意識など学ぶことが多く、アイドルとしてはもちろん1人の女性としてとても憧れ、尊敬が日に日に増していくばかりです。
本当にありがとうございました。
卒業後の道も陰ながら応援しています！

中村麗乃
RENO NAKAMURA

3期生　2001年9月27日生まれ

●白石さんとの思い出のエピソード
白石さんのお誕生日の時にメールで、「おめでとうございます」というのと、「白石さんのこういうところに憧れます」っていうお話をしたのですが、その時に白石さんから、「手脚が長いから踊ってる時すごく綺麗だなって思ってて、もっとファッション誌とかで麗乃ちゃん見たいなって」って言っていただけて、頑張ろうって思いました！

●白石さんと初めて会った時の第一印象
テレビや雑誌で見ていた時もすごく綺麗な方だと思っていましたが、初めて目の前にした時に綺麗すぎて衝撃を受けたことを覚えてます。

●白石さんを一言で表すとどんな人
「優しい」人。メンバーにもスタッフさんにも、いつも誰にでも優しい方です。

●白石さんのここが好き
・こんなに綺麗で素敵な方なのに、お茶目な一面もあるところのギャップがすごく好きです。
・パフォーマンスがとてもしなやかでお上手で、憧れます。

●白石さんへのメッセージ
私たち後輩にも常に目を向けて気にしてくださって本当にありがとうございます。アイドルとしても1人の女性としても永遠の憧れです！

向井葉月
HAZUKI MUKAI

3期生　1999年8月23日生まれ

●白石さんとの思い出のエピソード

●白石さんと初めて会った時の第一印象
3D映像だと思いました。
美しくて眩しくて透き通っている感じで本当に存在するんだと思いました。

●白石さんを一言で表すとどんな人
リアル女神様。
外見だけでなく内面も美しくそしてキラキラオーラが見えて良い香りがします。

●白石さんのここが好き
お顔はもちろんスタイルも立ち姿も美しくてどの角度から見ても美しいところ。
どんな時もいい香りがするところ。

●白石さんへのメッセージ
ご卒業おめでとうございます。昔から大大大好きだった乃木坂46というこのグループを作って支えてくださってありがとうございます。
私はそんな乃木坂46のメンバーになれて本当に幸せです。
白石さんと乃木坂46として一緒に活動させていただいた事が心底幸せで自慢です。忘れられちゃいがちな私ですがどうか珠美のこと忘れないでいてほしいです。
大好きです。

佐藤楓
KAEDE SATO

3期生　1998年3月23日生まれ

●白石さんとの思い出のエピソード
・体調不良明けの時に「大丈夫だった??」と心配してくださった。
・私が言ったことが棒読みで、それを真似されていてとてもかわいかったです。
・初選抜の時のMV撮影で緊張気味な時、洗面所で歯磨きをしていたらお尻を触られて驚いて後ろを見たら白石さんで、緊張していたものが和らいだのを覚えています！

●白石さんと初めて会った時の第一印象
テレビで見ていてもとてもキラキラしていたのですが、実際に初めてお会いした時はとても眩しかったです。
3期生が1人ずつ自己紹介をしていた時、とても優しい顔をして聞いてくださっていたのが印象的です。

●白石さんを一言で表すとどんな人
女神様。
どんな時でもどんなに朝が早くてもいつ見てもお綺麗で、忙しくされているなかでもお仕事を完璧にこなされていて、綺麗な衣装を着て踊っている姿は女神様って実在するんだ、と錯覚してしまうくらい輝きを放っているからです。

●白石さんのここが好き
・美しさと時々見るお茶目なかわいらしさの両方を兼ね揃えていらっしゃるところ。
・誰からも愛される人柄。
・気さくでお話するととても話しやすいところ。

久保史緒里
SHIORI KUBO

3期生　2001年7月14日生まれ

●白石さんとの思い出のエピソード
私が『Seventeen』に入った時、先輩のモデルさんに、私の知らないところで「久保ちゃんをよろしくね」と言ってくださっていたことを後日知りました。本当にうれしかったです。

●白石さんと初めて会った時の第一印象
とても眩しかったです。
大きな目に白い肌に、テレビや雑誌で見ていた以上の美しさに、本当に驚きました。今でもその美しさには慣れないほど本当にお綺麗です。

●白石さんを一言で表すとどんな人
「愛にまっすぐ」な方。
お仕事の一つひとつに愛を持ってやり遂げていたり、メンバー一人ひとりのことを愛してくださったり、ライブでは一曲一曲に愛を込めて歌ってくださったり。本当に愛にまっすぐで、それに押し付けがないのがすごいなと思います。

●白石さんのここが好き
・素敵な笑顔。
・美しい白くてつるつるなお肌。
・いつ見てもプロ意識の高い私服や髪型。
・記憶力。

●白石さんへのメッセージ
ご卒業おめでとうございます。
白石さんの愛が本当に大好きです。
何かあった時いつも声をかけてくださったこと、その一つひとつに救われてきました。もう心配をおかけしないよう、涙を見せず、強く生きていこうと思います。
白石さんのこれからが幸せで満ちあふれていることを心から願っています。ずっとずっと大好きです。
9年間、本当にお疲れ様でした。

阪口珠美
TAMAMI SAKAGUCHI

3期生　2001年11月10日生まれ

●白石さんとの思い出のエピソード
・『乃木坂工事中』で隣に座った時、何かに白石さんが驚いて私に抱きついてきてくれました。私はその時、番組のトークそっちのけで素に戻ってしまい、抱きついてきてくださったことがただただうれしくてニヤニヤしてしまいました。
・仙台でのライブの時に、私は牛タンが苦手だったので白石さんにあげたらおいしそうに食べてくれたこと。

白石さんがいなければ、私が乃木坂46にいることも芸能界に入ることも絶対にありませんでした。本当に感謝しています。私の恩人です！　憧れが故に自分から近づきに行ったりできなくて、それが心残りだったりもするけど、それが私でした。白石さんがいる乃木坂を好きになり、同じグループで活動できて、私は本当に幸せ者です！　卒業された後もずっと、変わらずに、大好きで憧れです！きっと白石さん以上の方はこの先もいないと思います。本当に感謝しています！　本当に本当に、お疲れ様でした！

大園桃子
MOMOKO OZONO

3期生　1999年9月13日生まれ

●白石さんとの思い出のエピソード
ライブで目が合う時も撮影が一緒になった時も、初めてプライベートでごはんに行った時も、桃子のお家でお鍋したことも、乃木坂に加入してから白石さんとの思い出ばかりです。

●白石さんと初めて会った時の第一印象
私の中での初めの印象は、グラビア撮影をペアでした時に親しみやすくておちゃめなんだなぁと知りました。笑ってくれるとうれしいなと思ったのを覚えています。

●白石さんを一言で表すとどんな人
どんなことに関しても丁寧な方だと感じます。いろんなお仕事でもしっかりと丁寧にやり遂げるところや、連絡をするとこんな桃子にまできちんと返してくれます。

●白石さんのここが好き
美しくかわいくて、かわいいですと伝えると喜んでくれます。ごはんを一緒に食べてくれたり、ゲームを一緒にしてくれたこともありました。一緒に楽しんでくれるところが大好きです。優しく話を聞いてくれて、褒めてくれたり注意してくれたりするところも、うれしいなと思います。

●白石さんへのメッセージ
だいすきです。
白石さんにたくさん助けられて
頑張れたことがたくさんあります。
寂しいです、
これからも仲良くしてもらえたら
うれしいです。
ももこが1番応援しています！
ももこが1番！です！

しい先輩。2期生が入ったばかりの頃、色々な事を教えていただけて本当に感謝しかありません。あの時があったからこそ、今先輩たちとのこの関係ができたんだと思います！ 後輩には私たちが責任をもって白石さんに教えていただいたことを伝えていくので安心してください！本当に本当にお疲れ様でした！ 乃木坂46に入って白石さんに出逢えて幸せでした。落ち着いたらお酒一緒に飲みに行ってください～！(笑)

北野日奈子

HINAKO KITANO

2期生　1996年7月17日生まれ

●白石さんとの思い出のエピソード
思い出がありすぎて書ききれません。だけど一つだけ挙げるとするならば、私たち2期生は乃木坂46にとって初めての後輩であり先輩方もファンの方も色々と戸惑う場面もあったかと思いますが、白石さんはいつも優しく微笑みかけてくれて正しいことやアドバイスをいつも教えてくれました。本当に感謝しています。

●白石さんと初めて会った時の第一印象
初めてまじまじと見たのはレッスンルームで『世界で一番 孤独なLover』の振り入れをしてる日でした。本当に綺麗で驚きました。

●白石さんを一言で表すとどんな人
裏表のない人。裏表のない人なんて存在しないと思っていました。でも白石さんを見て初めて裏表のない人と出会いました。心から素敵な人だと思います。

●白石さんのここが好き
全部が憧れです。大好きです。
でも特に好きです──となるところは、乃木坂への愛が強いところです。メンバーが他のグループの子や芸能人の方をかわいいとか綺麗とか褒めたりすると、乃木坂の子がどこの誰よりも一番かわいいよと褒めちぎるところが大好きです。

●白石さんへのメッセージ
たくさんの愛をくださりありがとうございました。白石さんのことが本当にだいすきです。これからもよろしくお願いします！

新内眞衣

MAI SHINUCHI

2期生　1992年1月22日生まれ

●白石さんとの思い出のエピソード
まだ入ってわりと間もない頃、いきなり頭を犬みたいにわしゃわしゃされて驚きお顔も佇まいもオーラもすべてが美しい。キラキラしていました。

●白石さんを一言で表すとどんな人
かっこいい人。
綺麗、かわいいはもちろんですが、加入してから今まで後輩として背中をみてきてすごくかっこいいと思いました。

●白石さんのここが好き
・美しい。
・スタイルが良くて姿勢が綺麗。
・笑顔が素敵。
・歌声も素敵。
・表情が豊かなところ。
・ライブの煽りがかっこいい。

●白石さんへのメッセージ
先輩方と比べたら本当に短い時間ではあったけど、こんなに偉大な先輩の背中を見ながら乃木坂46で活動することができて本当によかったです。
未だに目が合うとドキドキしてしまうくらいかっこよくて輝いている白石さんと、お仕事の時お話ししたりくっついたりできてめちゃくちゃ幸せでした。
グループの先輩としてはもちろん、人としてもとっても尊敬しています！
寂しいけど先輩方が作ってきた乃木坂を守れるように強くなれるように私も精一杯頑張ります！
今まで本当にお疲れ様でした。
そしてありがとうございました！

伊藤純奈

JUNNA ITO

2期生　1998年11月30日生まれ

●白石さんとの思い出のエピソード
ライブのアンコールの時、出る場所は決められていないのですが、なぜだか昔から近くにいて一緒に出ることが多かったです。
手を繋いで大笑いしながら出たこともありました～。

●白石さんと初めて会った時の第一印象
本当に存在するんだ！と思った記憶があります(笑)。目の前にいるのに「お人形なの？」と思うほどでした。

●白石さんを一言で表すとどんな人
寄り添ってくれる人。
舞台で忙しい時久々に会うと必ずと言っていいほど気にかけてくれる。白石さんのほうがきっと忙しいのにそっと寄り添ってくれる。

●白石さんのここが好き
・お茶目なところ。
・くしゃっと笑うところ。
・マイクの握り方。
・踊り方。

●白石さんへのメッセージ
寂しいです。大好きな、尊敬できる頼も誰に対しても優しいです。
後輩にも気さくに話しかけてくださいます。

●白石さんへのメッセージ
ご卒業おめでとうございます！
白石さんの姿にたくさんのことを学ばせていただきました。
これからもずっと私たちの憧れの存在でいてください。
大好きです！

吉田綾乃クリスティー

AYANOCHRISTIE YOSHIDA

3期生　1995年9月6日生まれ

●白石さんとの思い出のエピソード
『心のモノローグ』のMVに出させていただいた時の空き時間に私がやってたゲームを白石さんもやってたみたいで話しかけてくれたのがうれしかったです。

●白石さんと初めて会った時の第一印象
テレビで見るよりもさらに美しくて本当に存在するんだと思いました。

●白石さんを一言で表すとどんな人
切り替えがすごい人。

●白石さんのここが好き
ノリがいいところ。
なんでもないような事でも話しかけてくれる。お茶目なところ。

●白石さんへのメッセージ
卒業おめでとうございます！
ステージでかわいかったりかっこよくパフォーマンスする白石さんが大好きでした！
私も乃木坂をもっともっといろんな人に知ってもらえるように頑張ります！
白石さんに出会えてよかったです。
ありがとうございました。

与田祐希

YUUKI YODA

3期生　2000年5月5日生まれ

●白石さんとの思い出のエピソード
動物の柄が入った私服をよく着ていたら、「最近動物の柄の服よく着てるよね！」とズボンのお下がりをいただきました。
すごくうれしくてたくさん愛用させていただいています！
自分が何気なく着てた服のことを覚えてくれていて、さらにお下がりまで持ってきてくれて本当に優しい先輩です。

●白石さんと初めて会った時の第一印象

・私の変なメガネを白石さんがかけてくれた！ 写真も撮ってもらっちゃいました。
・3・4期生ライブで私は白石さんが参加するユニット曲『でこぴん』を披露させていただきました。それを白石さんに見せたら、「これからも歌い継いでいってほしい」って言ってくださったのがとってもうれしかったです。

●白石さんと初めて会った時の第一印象
加入してすぐで後輩からはなかなか話しかけられない時、私が変な格好をしていたせいか初めて話したのに笑ってかわいいねって言ってくださってとても優しい方だなと思いました。
うれしくて泣きそうになりました。

●白石さんを一言で表すとどんな人
白石麻衣さん。
考えてみたのですが、「白石麻衣」さんって字を書いてみたらすごい名前だなと思いました。白石麻衣さんって字をよく見ればわかると思います(笑)。

●白石さんのここが好き
・ライブのリハーサルの時お仕事で忙しくてあまりリハに参加できてないはずなのに、何一つ間違えないで踊られてて見惚れてしまいました。尊敬します。
・遠すぎる存在で憧れなんて言えないけれど、2年前の全国ツアーの時に心のなかでいつか白石さんみたいな人になりたいなって思ってしまいました。
・白石さんは面白いことが好きなのが好きです。

●白石さんへのメッセージ
乃木坂を離れても白石さんのご活躍を応援しております！
ここまで乃木坂を背負ってきてくださって本当にありがとうございました！
これからも私が乃木坂メンバーの笑顔を守っていきます！
頑張ってください。

山下美月

MIZUKI YAMASHITA

3期生　1999年7月26日生まれ

●白石さんとの思い出のエピソード
私が体調不良の時に、一番最初に気づいてくださって、車の中でずっと看病してくださり、本当に女神様かと思いました。

●白石さんと初めて会った時の第一印象
私にとってはテレビの向こう側の方という存在で、とにかく美しくオーラがすごかったです。

●白石さんを一言で表すとどんな人
ビーナス。
私にとっては中身も外見も女性としての美しさを表している方で、いつ見てもキラキラと輝いています。

●白石さんのここが好き

●白石さんへのメッセージ
白石さんが引っ張ってくださるグループにいられたことを幸せに思います。白石さんが卒業された後、ちゃんと守っていけるように精進します。

渡辺みり愛
MIRIA WATANABE

2期生　1999年11月1日生まれ

●白石さんとの思い出のエピソード
ライブ終了後のケータリングでなんとなく落ち込んでて、白石さんに抱きついたら察して背中をポンポンしてくれたこと。

●白石さんと初めて会った時の第一印象
2期生が入った時期は、1期生の皆さんは『16人のプリンシパル』本番真っ只中だったので、切羽詰まった雰囲気がありそれどころではありませんでした。

●白石さんを一言で表すとどんな人
乃木坂46の木。
後ろで支えようとそっと見守ろうとしてくれる時もあれば、先頭に立って私たちに素敵なものを見せてくれる存在。
私なんか蟻です。

●白石さんのここが好き
よく笑う姿が印象的です。
本当に誰よりも笑うというくらい、笑っている姿を見かけます、好きです。

●白石さんへのメッセージ
白石さんが2期を集めて注意をしてくれたこと、ライブで教えてくれたこと、それは2期しか知らない思い出と教訓。
抱き締めてくれた優しさも大好きでした。

秋元真夏
MANATSU AKIMOTO

1期生　1993年8月20日生まれ

●白石さんとの思い出のエピソード
・誕生日の時にメンバー何人かでカラオケに行ったら、まいやんもノリノリで熱唱していてすごく楽しかったです！
・何か物事を決める時に妥協せず、いつも「乃木坂っぽいかどうか」を考えていて、誰よりも乃木坂を愛してくれているんだなぁっていつも感じていました。
・一緒に写真を撮る時いつも最初は少し嫌そうな顔をするのに最後はうれしそうな顔に変わるところが大好き。

●白石さんと初めて会った時の第一印象
めちゃくちゃかわいい！　まいやんが着てたオーディションの時の服、「私も持ってる!!」と思いました♪

堀未央奈
MIONA HORI

2期生　1996年10月15日生まれ

●白石さんとの思い出のエピソード
打ち上げ会場にお寿司があってウニを食べたくてうろうろしてたら、私の好きなウニをあーんってしてくれた。

●白石さんと初めて会った時の第一印象
肌がとにかく白くてオーラがありました。

●白石さんを一言で表すとどんな人
ギャップの人。
美人だけど面白いことをしてくれたり話してくれたり親しみやすくて気さくだから。

●白石さんのここが好き
まつげの角度と量。フリ覚えが早いところ。色白なところ。いい匂いなところ。歯が綺麗なところ。笑顔がかわいくて真顔が美しいところ。

●白石さんへのメッセージ
今まで、たくさんの白石さんのかっこいい姿を見てきて私もこんな凛とした美しい人になりたいなと思っていました。いつもグループを引っ張っていってくださりありがとうございます。私も常に美しさを追い求め、飾らない素の自分を大切にして、頑張りたいと思います。

山崎怜奈
RENA YAMAZAKI

2期生　1997年5月21日生まれ

●白石さんとの思い出のエピソード
2冊目のグループ写真集の撮影時は大学進学が発表されたばかりだったのですが、「おめでとう！すごいね、頑張ってね！」と言ってくださってすごくうれしかったのを覚えています。

●白石さんと初めて会った時の第一印象
すごく綺麗。綺麗すぎて、緊張しました。初期は自分が人見知りだったのも相まって、挨拶で目を合わせるのが精一杯でした。

●白石さんを一言で表すとどんな人
憧れの女性。所作、礼儀、言葉遣い、姿勢、気品、謙虚さ、どこをとっても素敵な女性。

●白石さんのここが好き
あんなに綺麗なのに、その美貌を凌駕するほどにリアクションが良い。映画や雑誌の白石さんも好きですが、個人的にはバラエティに出ている白石さんも大好きです。

らしい一面やかっこいい一面も持っていらっしゃるところです。

●白石さんへのメッセージ
白石さんはこれまでもこれからも私にとって憧れの存在です。
私も白石さんのような素敵な女性になれるように頑張ります。
寂しいですが、卒業後もご活躍されることを祈っております。
ありがとうございました。
ご卒業おめでとうございます。

寺田蘭世
RANZE TERADA

2期生　1998年9月23日生まれ

●白石さんとの思い出のエピソード
これは白石さんには言ったことのないエピソードなんですが、私は、元から時間にルーズなタイプではないのですが、だからこそ、すごく10分前行動を心がけていて。
加入したての頃、集合場所に15分ほど前に着いたら私より先に1人集合している人がいて、まさか、先輩だとは思わなかったのですが、先にいたのは白石さんで。
その時に細かなところだったり、誰も見てないところを評価されるかなんてわからないけど、こういうところがしっかりしてる人が私は大好きですし、尊敬しているので、より、そういう見えないところでも常に自分の思う素敵な行動をとりたいと思えるようになりました。

●白石さんと初めて会った時の第一印象
真っ白。
初めてこんなにお肌が綺麗な人に会ったと思ったことを覚えてます。
松村さんと白石さんの白さにはびっくりしました。

●白石さんを一言で表すとどんな人
美を作ってくれた人。
「乃木坂46と言えば」をたくさん作ってくれた人。もちろん、皆で作り上げてきたものではありますが、1期生の方のなかでも初めてグラビアを撮ったり、そしてそのなかでも特にその美の部分を作ってくれた人だと思っています。

●白石さんのここが好き
・お茶目なところ。
・お笑いセンスが高いところ。
・白石さんのにおいが好き!!

●白石さんへのメッセージ
これからもずっと大好きです！

ながら振り向いたらびっくりしたまいやんが……（笑）。
たぶん誰かと間違えてたんだと思います（笑）。
大阪の音楽番組に出た時、2人で話す機会があって、大人だからこそ話せることをたくさん話せました。うれしかったなあ。
最後にはまいちゅんはいつまでも乃木坂にいてねって。
こちらこそまいやんにもいつまでもいてほしかったよー（T_T）

●白石さんと初めて会った時の第一印象
私は乃木坂に入った時、あんまりグループのことを知らなくて、そのなかでも知っていたのがまいやんと生駒ちゃんでした。
初めて会った白石麻衣さんはオーラがすごくて「これが芸能人か……！」って思った記憶があります。

●白石さんを一言で表すとどんな人
いつでも白石麻衣な人。
「オフの白石麻衣ってあるの？」ってくらいいつも白石麻衣をしているのでいつも驚きます（笑）。あとすごく真っ直ぐで素直な人だなとも思います。

●白石さんのここが好き
美しさは当たり前すぎるので、あえてと考えてみると、いつもコソッという一言が面白すぎて笑っちゃいます。ノリがいいところも最高に好きです！

●白石さんへのメッセージ
卒業しても乃木坂46の白石麻衣であったことを後悔させないよう、後輩として頑張ります。
大きすぎる背中が居なくなるのは本当に寂しいけど、またいつでも遊びに来てほしいなあ!!!!
あと、まいやん呼びでいいよって言ってくれた時うれしかった^_^
これからもずっと大好き！

鈴木絢音
AYANE SUZUKI

2期生　1999年3月5日生まれ

●白石さんとの思い出のエピソード
『乃木坂46時間TV』のツーショットトーク。
長時間お話しさせていただいたのはこの時が初めてでした。
白石さんの気さくな人柄に助けられました。

●白石さんと初めて会った時の第一印象
実際にお会いするとTVや雑誌で拝見するよりもお綺麗で驚きました。

●白石さんを一言で表すとどんな人
洗練された人。
すべてにおいて磨きがかかっている方だと感じます。

●白石さんのここが好き
美しい方でありながら気さくで、かわい

髪を久々にボブにした時に「絶対そっちの方がいい」と言ってくれたのをよく覚えてます。誰に言われるよりもまいやんに言われるのは説得力があってうれしかったです。
なにかの雑誌で彼女にしたいメンバーで挙げてくれたのもうれしかったです。

●白石さんと初めて会った時の第一印象
4次審査の前の受付で「しらいしまいさん」とスタッフさんに呼ばれてるのを聞いた時に、学校に同姓同名でアイドルが好きでめちゃくちゃかわいい先輩がいたので、その人かと勘違いしてしまい、バレたくなくてずっと顔を伏せてました。最終審査でやっと別人だと気づいて、「しらいしまい」という名前はもれなく美人になるんだーと思いました。

●白石さんを一言で表すとどんな人
完璧。
自分をちゃんと持ってる。

●白石さんのここが好き
すっぴんでも終日お仕事した後でもいつ見ても美人。なのに、お高くとまってなくてノリがいい。ルックスはもちろん、歌もダンスも演技もできて欠点がない。

●白石さんへのメッセージ
結成当初から乃木坂の顔としてたくさんのことを切り開いてきてくれました。乃木坂として歩んできた年数が同じと思えないほど、大変なこともたくさんあったと思います。今まで本当にありがとう。まいやん、大好き。

樋口日奈
HINA HIGUCHI

1期生　1998年1月31日生まれ

●白石さんとの思い出のエピソード
・私がまだ10代の時、地方公演の帰り道の空港で、「ソフトクリームおいしそうだなぁ」って思っていたら、まいやんが買ってくれました！ すごくうれしくて、私もまいやんみたいなお姉さんになりたいなぁって思いました。
・まいやんから私のお誕生日に連絡が！ その日はまいやんは1日お仕事の日で大変だったのに、日付が変わってしまう前に、「ギリギリ！ ひなちまお誕生日おめでとう！ ずっと大好きだよ」ってメッセージをくれました。すごくうれしかったし、キュンとしたし、何よりお誕生日に連絡をしっかりくれるまいやんが本当に素敵すぎて……さらに大好きー!!!!! ってなりました（笑）。
私もそうやって、人に喜んでもらえることをしたいなぁってあらためて感じました。

●白石さんと初めて会った時の第一印象
当時13歳だった私には、まいやんがすごくすごく大人に見えました。「私もこんな大人になりたいな」そう思ったのを覚えています。

うございました。絡みづらいだろうに、時々ちょっかいかけてくれてありがとうございました。1期生として色々な道を切り拓き、たくましい背中を見せてくれてありがとうございました。乃木坂のためにたくさんたくさん、ありがとうございました。

高山一実
KAZUMI TAKAYAMA

1期生　1994年2月8日生まれ

●白石さんとの思い出のエピソード
『立ち直り中』のMV撮影、確か夜遅くまでかかったんですね。疲れでテンションがおかしくなっちゃって、かっぽう着姿でひたすら変顔の写真を撮りまくりました。あと、いつの日からか、『おいでシャンプー』でずっと手を繋いでますね。むしろ振り入れからずっと繋いでいるのかも。

●白石さんと初めて会った時の第一印象
めっちゃ綺麗だなぁ……YUIさんと佐藤ありささんに似てるなぁと思いました!! オーディションで、私が緊張を抑えるツボを叩いていると、まいやんが話しかけてくれたのが出会いです！ 優しくて話しやすいお姉さんだなぁと思いました！

●白石さんを一言で表すとどんな人
努力している姿を見せないけど確実に努力をしている人。
容姿はもちろん性格まで、女性の憧れでしかないです。

●白石さんのここが好き
・面白いことが好きなところ！（楽屋で誰よりも熱心にM-1を観てた）
・肌までおかしいくらい綺麗。

●白石さんへのメッセージ
まいやん！ 約9年、お世話になりました！ 初期の頃はポジションが隣になることが多くて、超美人の隣に大ブスでちょうどいいバランスだと勝手に思ってました（笑）。
まいやんが『ガールズルール』でセンターになった時は本当にうれしかったなぁ。グループを引っ張ってくれて、ありがとう。どんどん前に進んでいく背中が、本当にかっこよかったです。
会う頻度が減るのは寂しいけど、これからは友達として仲良くしてね！ たくさんの楽しい時間をありがとう。

中田花奈
KANA NAKADA

1期生　1994年8月6日生まれ

●白石さんとの思い出のエピソード

りに溢れた乃木坂の形があるのだと思う。

●白石さんのここが好き
・美しいとかわいいの共存。
・頭のてっぺんからつま先、香り、持ち物、全てにおいてセンス抜群。
・くだらないノリにも付き合ってくれる。目をひんむくとか鼻息リレーとか適当な鼻歌とか。
・細いのに幸せそうによく食べる。
・どの角度からどう見ても綺麗。
・最近見たお団子ヘアが尊すぎて、仕事中なのにかわいい……かわいすぎる……と心の声ダダ漏れだった。
・優しい。
・挨拶やコミュニケーションが明るく丁寧。

●白石さんへのメッセージ
ここまでずっと乃木坂を引っ張ってきてくれてありがとう。
仕事に対して誠実で責任感の強いまいやんへの尊敬と、頼れる優しいお姉ちゃんとしての憧れ、よく笑ってたまに甘えてもくれるお茶目なまいやんの愛おしさ。9年一緒にいて色んな面を深く好きになれたし刺激をたくさん受けました。
出会えて本当によかった…。
乃木坂で輝くまいやんをそばで見れて幸せだった…。
苦楽を共にできた時間は一生の宝物です。
まいちゃん、だぁぁぁぁいすき!!!

齋藤飛鳥
ASUKA SAITO

1期生　1998年8月10日生まれ

●白石さんとの思い出のエピソード
・私が表紙の雑誌を持った自撮り写真が突然送られてきた時。「おかわ♡」という文章が添えられていたことも、そういう小さな内容で連絡をくれたということもすごくうれしかったです。
・初めて一緒にお酒を飲んだメンバー。マネージャーさんと白石とご飯に行った時に、メンバーの中では1番目に乾杯ができたので、私も母もうれしくてほくほくしていました。

●白石さんと初めて会った時の第一印象
すごく綺麗なヘタレ。
初めは私がなかなか選抜に入れず関わりが少なかったため、テレビでイメージ付けられていたヘタレというキャラクターが、比較的頭に入っていました。

●白石さんを一言で表すとどんな人
冬と春の間みたいな人。冬のひんやりした美しい空気と、春の穏やかな日差しの両方を兼ね備えている人に見えます。

●白石さんのここが好き
モノマネができるところ。

●白石さんへのメッセージ
急に、好きアピールを表に出し始めた時、戸惑わずに受け止めてくれてありがと

●白石さんを一言で表すとどんな人
曲がることのない支柱みたいな人。
いつもみんなの中心にはまいやんがいて、言葉だけでは伝えきれないくらい何事にもまっすぐ真面目に取り組む姿がみんなの士気を常に上げてくれていて何度も助けられました。

●白石さんのここが好き
・朝どんなに早くても元気で明るい。
・ノリがめちゃくちゃ良くてすぐ一緒になってツッコんだりボケたりしてくれる。
・体調が悪かったりすると自分のことみたいに心配してくれる。
・誕生日に必ず連絡をくれる。

●白石さんへのメッセージ
まいやん♡　もう伝えきれないくらい大好きです。
ふざけてずっと双子みたいに共通点たくさんある～と私は言っていたけど、たぶん心のどこかで本当のお姉ちゃんみたいにすごくまいやんに頼っていたんだなぁと最近すごく感じます。何に対してもまっすぐでかっこいいまいやんをこれからも誰よりも応援してるよ♪
本当に本当にありがとう。

生田絵梨花
ERIKA IKUTA

1期生　1997年1月22日生まれ

●白石さんとの思い出のエピソード
初期から「推しメン！」と言ってくれていたことが本当にうれしかったです。
ずっと憧れの大好きなお姉ちゃんには変わりないのですが、9年経つと年齢は関係なく同期としての絆や愛情がさらに深まっていると思います。
1年くらい前、あまり現場に来れてなかった時、「いくちゃんがいないと嫌だなぁ」とポロっとこぼしてくれたことが強く印象に残っていて、必要とされていることがすごくうれしかったし、まいやんのために頑張りたいと思えたくらい、不思議な感覚に包まれたんです…何だかドキドキしたというか…これは恋…？

●白石さんと初めて会った時の第一印象
オーディションの時からなんて綺麗な人なんだと思って見ていましたが、ちゃんと喋ったのは合格後の活動が始まる前の面談の控え室。女神にどう接していいか緊張していたのですが、当時あだ名が決まっていなかったので、「絵梨花でいい？」と名前で呼んでくれてうれしすぎました。別れ際「ばいばい絵梨花～♡」ってニコニコ顔で見送ってくれたのは一生覚えてます。♡は勝手に脳内変換。すごく気さくで安心したし、憧れと同時に大好きで溢れました。

●白石さんを一言で表すとどんな人
スターになるべくしてなった人。
外側の美しさだけではなく内面も美しい。先頭に立つ人がおごらずに努力し続ける姿を見せてくれていたからこそ、今の思いや

●白石さんへのメッセージ
まいやんは乃木坂に綺麗な人って印象を与えてくれただけでなく、ライブでのかっこいい姿、女優の繊細な技もくれました。共に1期生になれたことは私の誇りです。乃木坂46でまいやんと活動できたことは宝です。

西野七瀬
NANASE NISHINO

1期生／卒業生　1994年5月25日生まれ

●白石さんとの思い出のエピソード
・初期の頃、『乃木坂って、どこ？』の番組内で、私がまいやんに抱きつけなかったことが思い出深いです。まいやんがウェルカムだったのに、自分から行くことができなくて……でも、そういう時代があったと今こうして笑って話せることがちょっとうれしいなと感じています。
・2人の曲のMV撮影の合間に、ゲームセンターに行ってUFOキャッチャーしたことが印象深いです。ただただ楽しかったなぁと覚えてます。

●白石さんと初めて会った時の第一印象
綺麗なお姉さんという感じでした。なんとなく近寄りがたい感じがして、年上というのもあったのかなと思います。

●白石さんを一言で表すとどんな人
「ストイック」。
お仕事に対して、プロ意識が高い。ライブの時もミスが少ないイメージです。物事の切り替えもしっかりできるし、集中力もすごく高いなぁと思います。

●白石さんのここが好き
「ギャップ」。
初めて会った時の印象もあって、見た目がクールだけど、人を笑わせたり、よくふざけたりもしていて、面白いことが誰よりも大好き。印象と実際の本人とのギャップが好きです。あと、それを知れる距離感にいられたこともうれしいなと思っています。

●白石さんへのメッセージ
ちょうど昨日の夢にまいやんが出てきました。実はちょこちょこまいやんが夢に出てくるんです。最初の頃ハグできなかった話とどこか繋がっているのか、めっちゃハグしている夢だったんです。なんだかうれしかったし、良い夢だなと思って。良い目覚めでした。

学生の頃学校の宿題を教えてもらいました。お洋服もたくさんもらってとっても優しいお姉ちゃんの様な存在です。今でもキーケースを大切に使っています。

●白石さんと初めて会った時の第一印象
第一ではないのですが、お笑い芸人になりたいって言ってたのをすごく覚えています。普段から面白くていつも笑ってばっかりでした。

●白石さんを一言で表すとどんな人
完璧!!!!!

●白石さんのここが好き
・どこから見ても綺麗。
・寝癖がない。
・おしゃれ。
・優しい。
・面白い。
・料理上手。
・お姉さんだけど甘えてきてくれる時があってキュンとする。
・いつも話しかけてくれる。
・なんでも笑ってくれる。

●白石さんへのメッセージ
カレーを食べにうちにおいでって言ってくれて行けてないから今度行くねっ♡ これからもずっとずっと大好き！

生駒里奈
RINA IKOMA

1期生／卒業生　1995年12月29日生まれ

●白石さんとの思い出のエピソード
まいやんは、私がセンターだったころ、2列目でずっと見守ってくれていました。同じタクシーで帰った時に、悩みを心に留められず急に泣き出してしまい、辞めてやるって叫びながら泣いた私を何も言わずに背中をさすってくれました。あの時は、誰かにすがるなんてできなかったから、本当に救われました。

●白石さんと初めて会った時の第一印象
まいやんは最初から女神でした。乃木坂46合格後に暫定的に並んで、記者会見をしたのですが、その時まいやんが右隣にいたんです。人見知りであまり喋れなかったけど綺麗だったなぁ。

●白石さんを一言で表すとどんな人
Muse。
仕事にストイック。
ご飯をもりもり食べる。
服、メイクがすごく似合う。
まいやんがいると現場が締まる。
でもなにより、ずっと優しい人でした。
だからみんなのMuse。

●白石さんのここが好き
笑い方。はっはっはーってはっちゃけて笑うんです。それがとてもかわいい。美人は三日で飽きるって言うけど、そんな言葉、存在しない。見れば見るほど綺麗。

松村沙友理
SAYURI MATSUMURA

1期生　1992年8月27日生まれ

●白石さんとの思い出のエピソード
一緒に『はじめてのおつかい』を見て2人で号泣しました。
まいやんとは、泣くタイミングとか泣く場面が似ていていつも2人でティッシュを分け合っていました。

●白石さんと初めて会った時の第一印象
気さくに話しかけてくれてかわいくてすごくいい人だと思った。
だから、周りの人がクールとか話しかけにくいと言っていて驚いた。
まいやんに話しかけづらさを感じたことがなくて人によって捉え方が変わる不思議な人だなと思った。

●白石さんを一言で表すとどんな人
かわいくていい匂いがしてすべすべで
私が大好きな人で、
まいやんも私のこと好きだったらいいなと思う人。

全部が完璧すぎて、
みんなに好かれていて、
みんなのことが好きそうだから、
たまにやきもちやいちゃいます。
でもきっと私のことも好きだと思います。

●白石さんのここが好き
肌が綺麗だから、そこにのっているホクロも綺麗。
曲に詳しい…おしゃれな曲をたくさん知っている！
さらっと、全部できちゃう最強な主人公感があるのに嫌味がない。

●白石さんへのメッセージ
まいちゃん乃木坂46での9年間は、長いように思えるけど私はもっとまいちゃんと一緒にいたいです。
これからも仲良くしてください。
乃木坂46の明るい雰囲気を作ってくれてありがとう！
たくさん大変なことがあったけど、何年か経ってから、みんなで笑いながら話すその日を心から楽しみにしています。
私の人生において一番濃い時間を一緒に過ごしてくれて本当に幸せでした。
これからも大好きです!!

和田まあや
MAAYA WADA

1期生　1998年4月23日生まれ

●白石さんとの思い出のエピソード

●白石さんを一言で表すとどんな人
「一言で表すことができない、常に魅力で溢れている人」。
いっぱい考えたけど、とても一言では表せませんでした（笑）。
優しく、穏やかで、温かくて、まいやんはいつも日向のような人で……。
美しくて、かっこよくて……。
面白くて、思いやりがあって……人を幸せにできる人。
毎日毎日まいやんの魅力に引き込まれてしまいます。

●白石さんのここが好き
すごく綺麗で隙がなさそうなのに、お茶目でチャーミングで……外見は美しくて、内面はかわいらしいところ！　まさに！　私が一番目標とする理想の女性像にぴったり当てはまるお方です♡

●白石さんへのメッセージ
まいやん、乃木坂46でまいやんに出会えて本当に私は幸せです。
こんなに素敵なお姉さんの背中を、13歳の頃から追いかけることができて、幸せです。
たくさんの幸せをありがとうございました♡
これからもずっと大好き♡

星野みなみ
MINAMI HOSHINO

1期生　1998年2月6日生まれ

●白石さんとの思い出のエピソード
楽屋とかライブのリハの時とか普段の他愛もない会話がなんだかんだ1番好きで思い出です。『しあわせの保護色』のMVの時に誕生日ケーキをまいやんが運んでくれてお祝いしてくれてうれしかった！　でも「こーゆうのも最後なのかな？」って思うと寂しかったです。

●白石さんと初めて会った時の第一印象
すごく綺麗でびっくりしました。話してみたら優しくてお姉ちゃんって感じでした。

●白石さんを一言で表すとどんな人
疲れた顔をあんまり見せないでいつも笑顔だし仕事にたいしての姿勢が真面目ですごいなって思います。

●白石さんのここが好き
優しくてお姉ちゃんみたいなところ。
前髪があってもなくてもかわいいし綺麗！
ダンスが好き。
歌も好き。
いつもいい匂いがする。
メンバーと話してる時に思いっきり笑ってるところ。

●白石さんへのメッセージ
9年間お疲れ様でした^_^
普段伝えたりしないけど、す——っごいだいすき!!
あとちょっとの間みんなでいっぱい思い出作ろうね。

SPECIAL TALK PART 2

MANATSU AKIMOTO × MAI SHIRAISHI

秋元真夏×白石麻衣　女子会対談

見た目もキャラクターも真逆だが、誕生日が一緒で、お互いを認め合う
強い信頼で結ばれているふたり。乃木坂46のキャプテンとエースが本音で語り合う。

スタイリスト＝安藤真由美　ヘア&メイク＝小坂知未、森柳伊知

完成されていた美人とまじめな生徒会長

――この本を作る際、白石さんに「メンバーと対談をするなら誰がいいですか？」と希望を聞いたら、「乃木坂46のことを真夏とちゃんと話したい」ということで、この対談が実現しました。

秋元　えー!!　うれしい。

白石　指名させてもらいました（笑）。

秋元　ありがとう！

白石　今日はごはんを食べながら、真夏といろいろ語りたいと思って。

秋元　私もまいやんと語りたかった！

白石　じゃあ、とりあえず……。

秋元・白石　乾杯～!!

――まず、ふたりの出会いから振り返りましょうか。

秋元　オーディションの4次審査のときだったかな。私の向かい側の机に女の子たちが固まって座ってて、そのなかにまいやんがいて「あの子が着てる洋服、私も持ってる！」って思った記憶がある。

白石　そうだったんだ（笑）。

秋元　それで、最終審査が終わって合格したメンバーで集合写真を撮ったあと、個別でプロフィール写真をすぐ撮ることになって。初めてのことで私はどうしていいかわからずに表情もガチガチだったんだけど、できあがったまいやんのプロフィール写真を見たら「この子、完璧じゃん」と思った。すでに完成されている美人だったから「こんなにも違うの!?」って衝撃で。

白石　いやいや（笑）。私もオーディションのときの真夏を覚えてるよ。「生徒会長をやってます」って言ってたよね。

真夏とふたりで乃木坂46のこと
いろいろ語りたかったんだ　―白石

まいやんは出会ったときから
完成された美人だった！　―秋元

だから、すごくまじめな子なんだろうな、って印象があった。それで、プロフィールが公開されて誕生日が8月20日だったから「あっ、私と一緒だ！」と思って。

――2011年8月21日が乃木坂46の結成日なので、白石さんは19歳、真夏さんは18歳になったばかりでした。

白石　そうそう。前日に家族に誕生日をお祝いしてもらって「この勢いで受かっておいで」って言われた（笑）。

秋元　でも、そのあと私はレッスンに数回だけ出て、学業のために休業することになったから、そこからしばらくまいやんとは会ってないよね。

白石　真夏が戻ってきたのは『制服のマネキン』のタイミングだから、再会したのは1年後くらいだったね。

――真夏さんが活動復帰して、グループに合流することになったときはどんな気持ちでしたか？

白石　本当に突然のことだったからビックリ。私も含めてみんな自分のことで精一杯で、まわりを見れなかったから「力になってあげなきゃ」っていう余裕もなくて。正直、戸惑いが大きかったかもしれない。

秋元　私、復帰した『制服のマネキン』のMV撮影のときのことを今でも覚えてるよ。個人カットを撮ることになって、まっつん（松村沙友理）、まいやん、私の順番だったんだけど、ふたりの撮影を見ていたら、手の動きとか表情がバッチリ決まってたの。1年間でこんなに差がついちゃったんだな……と思ったら、涙が止まらなくなっちゃって。

白石　だから、『制服のマネキン』のMVの真夏の個人カットは、泣いたあとで目がちょっと赤くなってるんだよね。

秋元　当時の私からしたら、まいやんはテレビの中の人で、話しかけるのもおそれ多いくらいの存在だった。なにもかもが完璧で「雲の上の人」みたいな。

白石　それはさすがに言いすぎ（笑）。

永遠のライバル!?　黒石さん対ぶりっこ真夏

――そんなふたりの距離が縮まったきっかけは？

秋元　まいやんとの心の距離がぐっと近づいたのを私が感じたのは、やっぱり〝黒石さん〟vs〝ぶりっこ真夏〟かな。

白石　そうかもね（笑）。

秋元　『乃木坂って、どこ？』の企画で「秋元真夏の腹黒裁判」をやったときに、黒石さんキャラが誕生したんだっけ？

白石　そうそう。「真夏がわざと運動音痴のフリをして、かわいこぶってる」とか「やたらと露出して、まわりの気を引こうとしてる」ってみんなで証言して。

秋元　それで、まいやんが怖い表情をしてたら、バナナマンさんに「白石、顔！」ってツッコまれたんだよね。

白石　あの放送がきっかけで、真夏がぶりっこすると私が睨みつける、みたいなパターンができた。

秋元　あと、まいやんが私の頭の大きさをイジったり（笑）。

白石　なぁちゃん（西野七瀬）、いくちゃん（生田絵梨花）、真夏、私の4人で雑誌のグラビア撮影をしたとき……。

秋元　丸い帽子でしょ？

白石　そうそう！　できあがったグラビアを見たら、真夏だけ帽子が頭にハマらなくて浮いてた（笑）。

秋元　だって、あの帽子、マジで小さかったんだもん！

白石　それで、『乃木坂って、どこ？』の「実はあの人◯◯なんです！」っていう企画で、これしかない！と思って「真夏は頭がデカい」って言っちゃった（笑）。

秋元　まさか頭の大きさをイジられると思ってなかった（笑）。自分でもわかっていたけど、乃木坂46としてそこには触れないだろうと思ってたから。でも、まいやんがイジってくれたからこそ、逆に私も開き直って殻を破ることができたし、ファンの人にもより身近に感じてもらえるようになったと思う。

白石　よかった。ありがとう。

――頭の大きさイジられ事件がふたりの距離を縮めたんですね。

白石　あと、仲良くなったきっかけは、やっぱり誕生日が一緒っていうのもあるよね。

秋元　うん。毎年、ケーキでお祝いしてもらってる。

白石　初めてふたり一緒に誕生日をお祝いしてもらったのって、どこかの地方だったよね？

毎年、まいやんと一緒に誕生日をお祝いできることがうれしかった　―秋元

秋元　2013年の『真夏の全国ツアー』で行った北海道かな？　ライブが終わって、まいやんとごはんに行った。

白石　そうだ。私がグレーの服を着てて。

秋元　髪型、お団子にしてたよね？

白石　そう！　めっちゃ懐かしい！

で、いちごのタルトでお祝いしてもらったんだよね。

秋元　ツアー先の大阪で誕生日をお祝いしてもらった年は、めっちゃケーキが大きかった。

白石　そうそう！　特大ケーキ。

秋元　でもさ、いつからか、まいやんと私のケーキのサイズに微妙に差がつくようになったんだよ。

白石　マネージャーさんが面白がって、やり出すようになったんだよね。

秋元　ケーキの種類も全然違って、まいやんのは豪華だし……。

白石　ははは。スネてる（笑）。

秋元　でも、毎年、まいやんと一緒に誕生日をお祝いできることがすごくうれしいの。

白石　誕生日ごとに撮ってるから、真夏とのツーショット写真がたくさんある。

秋元　私のスマホにも、まいやんとのツーショットが大量にあるよ。

白石　じゃあ、この本にも写真を載せてもらおうよ。

秋元　いいね！　誕生日の数だけ、まいやんとの思い出があるなぁ。

エースとキャプテン 信頼関係で結ばれたふたり

――白石さんが知っている、真夏さんのいいところはどんなところですか？

白石　真夏のいいところ？　えー、あるかなぁ。

秋元　ないの？（笑）

白石　ふふふ。でも、やっぱり一番は、仕事に一生懸命なところかな。

秋元　うれしい。

白石　まわりの期待に応えなきゃという気持ちが強くて、何ごとにも全力で取り組むまじめな姿勢が好き。これまでも、真夏がいてくれてよかったって思う瞬間がたくさんあったから。

秋元　え!?　ホントに？

白石　現場に真夏がいることによる安心感ってすごくある。たとえば、テレビの取材を何人かで受けるときに、そこに真夏がいるとホッとするもん。真夏がいるからこそ、その場がうまく回っているというか。だからキャプテンに選ばれたのも納得できる。

秋元　私なりに、キャプテンになって、今まで以上にちゃんとしなきゃって思うんだけど。

白石　大丈夫だよ。みんな真夏のまじめな姿勢をちゃんと見ているから。でも、ふだんの真夏はメンバーに甘えたり、意外と抜けてるところもあるけどね（笑）。

秋元　そうなの。私、しっかりしてるってイメージを持たれがちだけど、じつはそんなにしっかりしてない。

白石　でも、その両方があるからかわいいし、誰からも愛されるんだよ。

秋元　私がすごくテンパってるのは、もう後輩たちにも伝わっちゃってると思う（笑）。でも、完璧にはできてないけど、どうにかしようって奮闘している様子を見て「つぎは自分もキャプテンをやってみたいな」って思うメンバーが出てきて、いつか引き継いでもらえたらいいなと思ってるよ。

白石　うん。さっきも言ったけど、真夏がいるときの安心感はすごいから、キャプテンだからって力まなくていいと思う。仕事仲間として、こんなに信頼できる人ってなかなかいないから。

秋元　うれしい言葉だなぁ。でも、まい

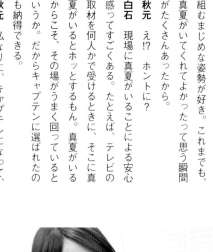

ふたりのスマートフォンに収められた思い出の写真の数々。毎年、一緒に誕生日を祝うのが恒例だった。

やんとは仕事に対する考え方が似てるのかなって思うことが多いの。みんなのことを考えながら効率よく一緒にやっていこう、っていうタイプだよね。

白石　うん、そうかも。

秋元　あと、まいやんはメンバーを笑わせてくれることが多いから、少人数の現場で一緒だと私はずーっと楽しい。まわり全部を巻き込んで場を明るくしてくれる〝陽〟の人。

白石　暗い雰囲気でいると、まわりの子にも影響が出ちゃうから。

秋元　みんなが不安に思ってることがあっても、まいやんは「大丈夫だよ」ってポジティブな方向に持っていってくれる人だよね。グループの前に立つ人がそういう空気を作ることって大事なんだなって、最近すごく思う。

――白石さんがグループ全体の士気を高めていた？

秋元　それは確実に。絶対に遅刻しないとか、スタッフさんに対してきちんと向き合うとか、まいやんがそういう姿勢を見せてくれたから他のメンバーも「ちゃんとしなきゃ」って気が引き締まったし、まいやんが一つひとつのことに妥協せずに結果を出してきたからこそ、みんなも「もっと頑張らなきゃ」って気合いが入っていたと思う。だから、まいやんが卒業したあとのことを考えるとちょっと不安……。

白石　これからの乃木坂46のことね。

秋元　まいやんにはグループについていろいろ相談したかったんだ。

白石　おっ！　今日の本題？

秋元　勢いで、つい本音が出ちゃうかも。

白石　言っちゃえ、言っちゃえ（笑）。

変わっていく乃木坂46 守りたい乃木坂46らしさ

秋元　まいやんには、やっぱりグループのことを聞きたい。

白石　いいよ。なんでも聞いて。

秋元　乃木坂46がどうあってくれたら、まいやんが卒業したあとも安心できる？

白石　重めの質問が来たね（笑）。でも、素直に答えるとしたら、私が卒業したあと、グループの雰囲気はまた新しく変わっていくと思うんだ。それはすごくいいことだと思うし、みんなも変わることを恐れないでほしい。もちろん変わってほしくない部分もいっぱいあるよ。乃木坂46らしさって、やっぱり9年間ずっとあったから、そこはこれからも守ってほしいし。

秋元　まいやんは物事を決めるとき、いつも「乃木坂46らしいかどうか」を考えてくれたよね。

白石　うん。乃木坂46らしさって言葉じゃうまく表せないけど、みんなでいるときの「あぁ、これ乃木坂46だな」っていう独特の空気感があるよね。その場に溢れる、温かみのある空気感。

秋元　うんうん。

白石　そういう空気感がきっと大事なんだろうなって。だからこそ、グループのことをちゃんと考えてくれる子が増えたらいいなって思う。

秋元　めっちゃわかる。やっぱり初期の頃は、そこまで外仕事とかに目が向かないから、グループのことをみんなが考えていたけど、今は加入してすぐに外仕事があるから、前に比べるとグループよりも個人に意識が行きがちな部分はあるかも。

白石　難しい問題だけどね。私も初期の頃は自分のことで精一杯だったし。でも、『ガールズルール』でセンターに立って、グループ全体のことを俯瞰で見なきゃダメなんだっていう意識が芽生えた。

秋元　まいやんが「自分だけ目立ちたい」と思って、振る舞っているのを見たことない。

白石　苦手だから。そういうのが。

秋元　でも、そうやってチームプレイをしてくれるエースがいるのは、すごく心強いし、頼りになるんだよ。

これからの乃木坂46に期待していること

秋元　でもさ、正直、まいやんの代わりになる人はいないと思うの。

白石　そこはべつに気にすることないよ。メンバーそれぞれの個性があるわけだから。真夏は、これからの乃木坂46がどうなってほしいって考えてる？

秋元　それ、超難しい問題。でも、個人的には1期生が卒業していくなかで、新しい乃木坂46の顔になれるようなメンバーが出てくることが大事なのかな、と思ってる。だからフロントに定着する後輩たちを育てなきゃな、っていうのはずっと考えてることかな。

白石　うん。私の気持ちとしても、後輩はみんな育ってほしいよ。4期生を見てるとみんなかわいいし、ポテンシャルも高いじゃん。ただ、そのなかで、グルー

真夏がいてくれてよかった
そう思う瞬間がたくさんあったよ
――白石

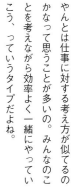

プを背負う姿勢を見せてくれる子が出てきてくれたらいいなって個人的には思う。

秋元　後輩たちのたくましい姿に期待しちゃうね。

白石　そうね。どうしても先輩に遠慮しちゃうからね。そこが乃木坂46の良さでもあるんだけど。

――期待しているメンバーはいますか？

白石　個人的には、梅ちゃん（梅澤美波）かな。すごく信頼できる子だから。

秋元　たしかに梅ちゃんはプロ意識がめっちゃ高い。

白石　加入した頃から、あのまじめさはずっと変わらないもんね。

秋元　変わらない。ライブのリハーサルを見てても、舞台裏での様子を見ててもそれはすごく感じる。本当にまじめ。

白石　だから、このまままっすぐ育ってほしいなって思う。これから梅ちゃんの役割もさらに重要になってくるだろうし。

秋元　梅ちゃんなら大丈夫だよ。梅ちゃんって責任感はすごく強いけど、意外と抜けてるところもあるから。そのバランスがグループにもいい影響を与えてくれる気がする。

――エースという点では、齋藤飛鳥さんにも期待がかかります。

秋元　飛鳥にはどうなってほしい？

白石　飛鳥はもっと自分を好きになっていいと思う。「いや、私なんかが……」みたいに遠慮しなくてもいいと思うの。

秋元　そういう部分はあるかも。

白石　もっと自信を持っていいんだよって言ってあげたい。飛鳥には1期生としてみんなのお手本になってほしいな。中心にいてふさわしい振る舞いを期待してるし、それができる存在だと思ってるから。

お酒をいただき、ほろよい気分になったふたりは、カメラに向かってこんなお茶目な表情も。いつも以上にトークも盛り上がり、乃木坂46のエースとキャプテンの本音が飛び交う対談に。（2020年3月撮影）

10年後の自分たち 結婚へのあこがれ

秋元　あと、なかなかこんな機会もないから、これも聞いてみたいな。まいやんの結婚観。

白石　え!?　急に？（笑）

――乃木坂46に加入する前は、何歳で結婚するビジョンでしたか？

秋元　私は23歳。ママが24歳で結婚したんだけど、私「ママより早く結婚したい」ってずっと言ってたから。

白石　私、19歳って言ってた（笑）。中学生くらいの頃だけど。

秋元　ふたりともだいぶ前に過ぎちゃったね（笑）。今はどう？

白石　う～ん、30歳過ぎてからでいいかなぁ。でも、いつか結婚をして子どももほしいなって思う。

秋元　じゃあ、10年後は何をしてたい？

白石　想像つかないなぁ。でも、好きなことをしてたいなって思う。真夏は10年後も乃木坂46にいるよね？

秋元　あはは。さすがにそれは……。

白石　あれ？　何かのインタビューで「46歳までいる」って言ってなかった？

秋元　それまで結婚できないのかな、私？（笑）

感謝の気持ちしかないから 引き止められるわけがない

――最後に、真夏さんから白石さんへのメッセージをどうぞ。

秋元　あらたまって言うのは、すごく恥ずかしいけど……。

白石　照れてる（笑）。

秋元　う～ん、まずは「アイドルになってくれてありがとう」。

白石　ははは！

秋元　いや、本当に。1期生メンバーと何度も話したことがあるけど、まいやんが乃木坂46にいてくれたから、私たちは「どこのグループにも負けない！」って思えたし、「うちらのエース、最強！」って誇らしかったんだよ。

白石　ありがとう。うれしい。

秋元　それと、もしかしたらもっと早いタイミングで卒業していてもおかしくないくらい個人での仕事もたくさんしていたし、ひとりでもやっていける存在だったのに乃木坂46に9年間もいてくれて、一緒に活動できたことが私はすごくうれしい。まいやんが卒業発表をしたとき、1期生はみんな言ってたの。「感謝の気持ちしかないから、引き止められるわけがない」って。

白石　そっか。

秋元　本当は引き止めたいけど……でも、9年間やり切ってくれて、グループにいい影響をたくさん与えてくれて、いろんなものを残してくれて、本当に乃木坂46の功労者だなって思うから、まいやんには感謝しかないです。うん。

白石　ずっと照れてる（笑）。

秋元　でも、まいやんとはもう一緒に誕生日をお祝いできないのかなぁ……。

白石　卒業しても会えるよー。来年も一緒にお祝いしよう。

秋元　うん！

白石　1期生も誘って、みんなでごはんにも行きたいな。

秋元　わかった！　じゃあ、さっそくみんなに声かけてみるね。

白石　さすがキャプテン！

まいやんの存在が
とっても誇らしかったんだ

真夏が一緒にいてくれると
ホッとするんだよね

秋元真夏

1993年8月20日生まれ。27歳。B型。埼玉県出身。T154。2011年、乃木坂46の1期生メンバーオーディションに合格後、学業のため活動休止。翌年、4thシングル『制服のマネキン』で活動を再開し、持ち前のサービス精神と愛らしいイジられキャラで人気に。2019年、乃木坂46の2代目キャプテンに就任。

OFFSHOT SPECIAL

乃木撮 feat. 白石麻衣

麻衣撮

MAI_SATSU

乃木坂 46 のメンバー同士がお互いの素顔を撮影し合うオフショット企画〝乃木撮〟。2017 年から続くこの名物企画から白石麻衣をフィーチャーして〝麻衣撮〟としてお届けします。ビジュアルの美しさと楽屋でのハイテンションな素顔のギャップも白石麻衣の大きな魅力。撮影したメンバーのコメントもあわせてお楽しみください！

楽屋に１期生たちがまいやんを囲んで集まっていたので、記念写真を撮ることに。カメラを向けると、うれしそうにくっついて、とびきりの笑顔を見せるメンバーたち。あらためて１期生の仲の良さを感じることができました！ 秋元真夏

#わちゃわちゃ
#楽屋
#日常
白石麻衣
生田絵梨花
松村沙友理

真夏は衣装をさげて着がちなので、胸元のセクシーなほくろが見切れていました！ 白石麻衣

まいやんにハグをしたら、お返しにほっぺたをスリスリして来てくれた。しあわせ♪ 生田絵梨花

『しあわせの保護色』のMV撮影が終わり、陰で泣いてたら、白石さんが「一緒に写真撮ろう」と声をかけてくださり大号泣……。でも、白石さんとの思い出を写真に残すことができてしあわせです！ 梅澤美波

もし私がまいやんの顔に生まれていたら、一日中自撮りしまくっているだろうなぁ～ 斉藤優里

〝黒石さん〟が真夏の鼻に指を入れた決定的瞬間！仲良しだからこそできる絡みですね 若月佑美

私が貸したゲームに夢中のまいやん。「敵、倒したよー」って大声で報告してくれた(笑) 松村沙友理

私の誕生日ケーキを、食べたそうにウズウズしているまいやんがかわい過ぎます！ 星野みなみ

この本で対談をした時のオフショット。メモリアルな撮影になってうれしかった！ 松村沙友理

乃木坂46を引っ張ってくれた〝Wエース〟のキラキラした思い出の2ショットです！ 斉藤優里

「撮りますよ～」と言うと、3人ともキメキメの表情とポーズをしてくださいました(笑) 大園桃子

寒い中、笑顔で『シンクロニシティ』のMV撮影にのぞむまいやんに、励まされました 秋元真夏

白石さんを〝りんご〟と〝桃〟で挟んだ3ショット。何度も見返す大好きな写真です♡ 大園桃子

偶然、まいやんと同じヘアゴムを持ってたので、2人でカールおじさんに変身しました 秋元真夏

クリスマスパーティーをした時の1枚。ちなみに場所は事務所の小さめの会議室(笑) 秋元真夏

『Sing Out!』のMV撮影現場で、床に座るまいやんにカメラを向けたら、変顔してくれた！ 秋元真夏

#いくまい
#キス♡

メンバー同士でふざけてキスすることもある乃木坂46。ふだんは滅多にしない生ちゃんが珍しく自分からまいやんにキスしていたので、これはシャッターチャンスだ！と思って撮りました 秋元真夏

まいやんが卵に私の似顔絵を描いてくれた♡ 今も大切に我が家に飾っています 松村沙友理

同期だけど、年の離れた2人がこういうじゃれ合いをするのは、かなりレアかも!? 秋元真夏

姉妹のような関係の"いくまい"コンビ。楽屋でケーキを食べさせてもらっていました 若月佑美

寝ていた蓮加を見つけた白石さんがほっぺをつまんだり、イタズラをしてました(笑) 吉田綾乃

真夏と目を合わせて、ニコッと笑うまいやん。その光景を見て、まちゅが睨んでる！ 斉藤優里

私がカメラを向けると、いつもお茶目な顔をするまいやんがキス顔を見せてくれた♡ 秋元真夏

桃子が遊んでるゲームのレベル上げを、まいやんが代わりにやってあげてました(笑) 秋元真夏

珍しく、真夏がまいちゃんを攻めている瞬間を撮りました！ 相思相愛の2人です 若月佑美

パーカーのフードをかぶって「モジモジくん」ごっこを楽しむ、天真爛漫なまいちゃん 若月佑美

勢いよくキスをする松村さん。白石さんのほっぺにキスマークがくっきり残ってた！ 大園桃子

「髪の毛を9:1にわけて前髪をパッツンにすると、どんなきれいな人も残念になる」という噂を聞いたんです。まいやんにやってもらったら、美しいままでした。私はカツラみたいなのに…… 秋元真夏

#変顔トリオ

『しあわせの保護色』のMV撮影は楽しい雰囲気で、夜にはみんな変なテンションに。なぜかしーさんと生ちゃんがアゴを出して自撮りを始めたので、私も2人のノリに巻き込まれました(笑) 齋藤飛鳥

全力でY字バランスをするまいやん。楽屋ではいつもこんなふうに元気いっぱい！ 松村沙友理

「鼻メガネを付けて写真撮ろうよ」と言って渡したら、ノリノリでやってくれました(笑) 秋元真夏

無邪気に風船で遊ぶまいやんをパチリ。等身大で、飾らないところが魅力的なんです 桜井玲香

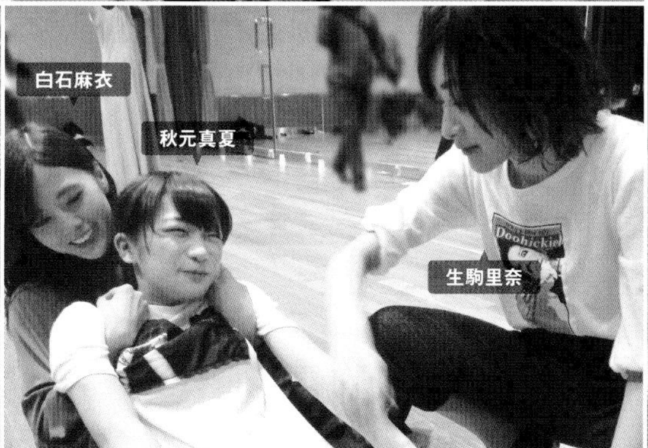

レッスン場でストレッチ中の真夏を、背後からやって来たまいやんがはがい締めに！ 斉藤優里

着物姿を狙ってシャッターを押しまくっていたら、「撮りすぎだよ〜」って言われた(笑) 松村沙友理

まいやんと私のユニット曲『流星ディスコティック』。私もお気に入りの写真です♡ 松村沙友理

2期生とまいやんのシーンもある『しあわせの保護色』のMV。一緒に撮影できて感動！ 新内眞衣

先輩の卒業が寂しくて泣いていた葉月。白石さんが頭をそっと撫でて、慰めてました 吉田綾乃

普段からよくしゃべっている仲良しの２人。珍しく、ぶりっこポーズをしてくれた！ 秋元真夏

かずみんの匂いをかいでいるのかな？ まいちゃんはこういう顔をしがちです(笑) 若月佑美

#太もも♡

楽屋でいつもイチャイチャしている２人。この日は、まっちゅんの太ももを、まいちゃんが愛でてました(笑) 若月佑美

私が落ち込んでいた時、白石さんに励ましてもらったことも。優しさに溢れた先輩です 寺田蘭世

このメンバーと一緒に大好きな曲『でこぴん』をライブで披露できてうれしかった 松村沙友理

#ピンク #アフロ

ピンクアフロかつらをかぶるまいやん。「この髪型が似合う人が、この世に存在するとは!?」という衝撃の１枚 松村沙友理

着物でテンションが上がったのか、まいやんが私以上にぶりっこしていました(笑) 松村沙友理

同じポーズをしてニッコリ。何でもお姉ちゃんの真似をしたがる妹みたいな桃子です 秋元真夏

白石さんの何気ない優しさをいつも感じていました。ご卒業されてもずっと大好きです 北川悠理

まいやんからチューされて、ガチ照れのまっつん。乃木坂46最強のラブラブカップル！ 秋元真夏

まいやんの美しすぎる寝顔を撮ることに成功！　ずっと狙ってたので、この１枚を撮った時は感無量でした。見た目もキャラも正反対だった私たちだけど、グループへの思いや考え方など、通じ合うところもたくさんありました　秋元真夏

MESSAGE FOR NOGIZAKA46

白石麻衣から乃木坂46メンバーへ

乃木坂46メンバーへ、白石麻衣からのラストメッセージ。
一人ひとりへの思いを、愛を込めて言葉に紡ぎます。

なお姉さん系〟のポジションを担っていけそうだし、女性誌のモデルとか、いろんな場所での活躍を期待しています！

To: 筒井あやめ

あやめちゃんは、最年少とは思えないほど落ち着いていて、めっちゃ大人。かわいくて目が離せなくて、実は常に観察しているんです（笑）。中学生っぽいフリルのついた靴下を履いているときがあって、それをさゆりんと後ろから見て、かわいすぎてニヤニヤしてました（笑）。そんなあやめちゃんだけど、きっと未来の乃木坂46の中心になっていくんだろうなって思っています。20歳になった頃のあやめちゃんが楽しみだし、早く見てみたい！

To: 早川聖来

まだ４期生が入ったばっかりの頃に、メンバーが事務所に集まってみんなでクリスマス会をしたんです。そのときに、ふと見たら早川ちゃんが泣いていたのでティッシュを渡したんですけど、きっと情緒がとても豊かな子なんだと思います。アイドルらしさもあるし、すごく無邪気な笑顔をするんですよね。その笑顔が大きなチャームポイントだと思うし、これからもいっぱい笑ってほしいです！

To: 矢久保美緒

実は女の子同士の双子だって聞いたので、「写真見せて〜」って言って、見せてもらったんです。そしたら、ホントにそっくりでした！　もともと乃木坂46が大好きで入ってきた、まっすぐな子。ライブでうまくできなかったら裏で泣いていたりしていて、頑張れって思ってます。今は、学業との両立が大変だと思うけど、応援してるよ！

To: 伊藤理々杏

理々杏ちゃんは、歌を歌っているときのスイッチの切り替えが本当にすごい！　かわいい曲とかっこいい曲で、違う自分の見せ方がちゃんとあって、素敵だなって思います。とくに、センター曲の『僕の衝動』のラストはすごい！　もともと

To: 北川悠理

私が写真集『パスポート』のロケで行ったアメリカ西海岸に住んでいた帰国子女だって聞いて、話しかけたのが最初です。初めての『乃木坂工事中』収録で、すごくオドオドしている感じも、なんかほっとけなくて。私、そういう子が気になっちゃうクセがあるんです（笑）。学業との両立に忙しくて、メイクルームでも１人で一生懸命勉強している姿をよく見ました。そんな大変な状況でも、リハでは自分なりに必死に踊っていて、心を打たれました。悠理ちゃんは、このまま頑張って、もうひと皮むけたら、もっともっと輝くと思う！　応援してるよ！

To: 柴田柚菜

バースデーライブのとき、「バレンタインデーに渡せなかったんですけど……」ってチョコと手紙をくれたんです。後輩から手紙をもらったのが初めてだったし、「本当に大好きで、卒業しちゃうのがとても寂しい」って思いを伝えてくれたことが素直にうれしかった。あと、「一緒に写真を撮ってください」とも書いてあったんだけど、柚菜ちゃんがなかなか言ってこないので、私から「撮ろう！」って声をかけて２人で写真を撮りました（笑）。シャイな柚菜ちゃんだけど、堂々と自信を持って活躍してほしいな。

To: 清宮レイ

天真爛漫な雰囲気と、屈託のない笑顔が素敵だなって思います。中学時代には生徒会長をしていたと聞いて、人懐っこそうに見える一方で、すごく真面目なタイプでもあるんだろうなって思いました。これからは、その真面目さはそのままに、はじけるスマイルで乃木坂46を照らしてね！

To: 田村真佑

４期生の中では一番のお姉さんで、「そのお洋服は、どこで売ってるんですか？」とか、いろんなことを聞いてきてくれる人懐っこい子。私は自分からあまり行けないタイプだから、逆にそうやって来てくれるとどんどん話せるので、それがうれしかったな。これからの乃木坂46で〝きれい

To: 遠藤さくら

『夜明けまで強がらなくてもいい』で初めての選抜でいきなりセンターになって、さくらちゃんは「不安です」って言ってたけど、MVとか歌番組の本番でいざカメラの前に立つと目の色が変わって、すごく堂々としてて。その姿にいい意味でびっくりしたし、頼もしいなと思いました。加入して半年くらいだったから、こんな短期間で人って成長できるんだなって。いきなりの大抜擢はプレッシャーもあったと思うけど、センターとして頑張ろうって姿勢が見れたのがすごいうれしかったし、応援したくなりました。あとは、手脚が長くてすらっとしてててスタイルが乃木坂っぽいし、とにかくかわいい！

To: 賀喜遥香

賀喜ちゃんは、すごいしっかりしてて、話してみても、４期生を引っ張っていけそうな雰囲気を感じました。とっても真面目で頑張り屋さんだなと思います。４期生の楽曲『I see...』でもすごい輝いてて、めっちゃかわいかった！　だから、今後が楽しみな存在です。

To: 掛橋沙耶香

去年の神宮ライブで初めて話したとき、２人で写真を撮ろうとしたら、スマホの待ち受け画面が私だったんです。もしかしたら、私と撮るときのためにわざとそうしていたのかもしれないけど（笑）、仮にそうだとしてもやっぱりうれしかった！　自分だけの独特のカラーを持っているところが面白いなって思うし、これからも自分の世界をしっかり作っていってほしいです。

To: 金川紗耶

全国握手会のバックステージで、ずっと１人でダンスの練習をしていた姿が印象に残っています。今年のバースデーライブの舞台裏で、自分のパフォーマンスがうまくいかなかったみたいで泣いている姿を見かけて、さゆりんと私で声をかけたんです。すごく真面目で努力家な子なんだなと思いました。そのストイックさが私は素晴らしいと思うし、手脚が長くてスタイルもいいし、そのまま伸びていってほしい！

とはウインクだけだったのに、手の動きを入れたり、舌を出したり、どんどん新しい要素を入れ込んで進化してるんです。ライブでも、『僕の衝動』が始まるとモニターの前にスタッフさんが集まるらしいです。そのぐらい、みんなあの曲のラストには注目しているんですよ。そういう向上心のあるところが理々杏ちゃんらしくて、すごく好き！

To: 岩本蓮加 

３期生では最年少だけど、乃木坂46の活動の中で立派に成長したなと思います。髪を切って、見た目も全体的にめちゃくちゃ大人っぽくなってますよね。でも、蓮加の良さって子どもっぽさでもあると思うから、背伸びをせずに、無邪気さも忘れないでいてほしいな。今は、無理せずに自分らしく。そして、いつか未来の乃木坂46を引っ張っていける存在になってほしいな。

To: 梅澤美波 

私のことが好きで、乃木坂46のオーディションを受けたという梅ちゃん。それがまず素直にうれしいです（笑）。梅ちゃんは、乃木坂46の中で一番って言っていいほどのしっかり者。真面目で、仕事に対して手を抜くことも絶対にない、そんな梅ちゃんが大好きです。私が卒業を発表してから、「バイバーイ！」って言って手を振ると、手を振り返してくれるようになったんです。きっと、卒業までの時間がそんなにないから、できるだけ私との距離を縮めようとしてくれているんだと思って、うれしかったな。これからは、仕事に対するストイックさはそのままに、もっと乃木坂46全体を引っ張る存在になってもらいたいと、私は思っています！

To: 大園桃子 

桃子は、私の人生で初めてできた妹的存在かもしれません。これだけ仲良くなった後輩はいないと思う。いい意味で〝真っ白〟な子で、そこに

惹かれたのかも。『逃げ水』で隣のポジションになったときにいろんな話をしたのをきっかけに距離が縮まって、それ以降は桃子がネガティブになったときに励ましたりもしました。自信をなくしていた桃子に「才能あるよ！ 桃子は天才だから！」って言ったり（笑）。でも、今は以前に比べて堂々とし始めて、いい方向に成長したなって思ってます。ありのままの自分で生きている感じの桃子だけど、これからも変わらずに自分のペースで活動してほしいです。

To: 久保史緒里 

久保ちゃんは、歌もお芝居も上手で、表現力がすごいなと思ってます。そしてたぶん、すごく負けず嫌いな子。だからきっと、いろんな感情が強くなりすぎちゃって、思わず泣いてしまったりすることもあるんだと思う。でも、あんまり考えすぎず、もっと自由に伸び伸びと育ってほしいな。失敗してもいいから、とにかく突き進む。きっとその失敗も成長に繋がっていくと思うから。これからの久保ちゃんは、もっといっぱい自分を出していってほしいなって思います。

To: 阪口珠美 

バラエティ番組でのたまちゃんが面白くて大好き！ 独特な空気感があって、しゃべり方も人を惹きつける魅力があると思う。「できますか？」って聞かれて、本当はできないのに「はい！ できます！」って堂々と答えるのも面白いし、私はたまちゃんのそういう前向きな姿勢が好き。これからも、その明るくて前向きなキャラクターで、どんどんいろんなことにチャレンジしていってほしいです。

To: 佐藤楓 

でんちゃんは、あどけない部分と大人っぽい雰囲気の両方がある印象。そして、いつも一生懸命で、ひたむきな頑張り屋さん。顔が小さくてスタイルもいいので、もっといろんなファッション誌で見てみたいかも。実際、ファッション誌に載っているでんちゃんを見たら、メイク映えして、すごくきれいでした。さらに垢抜けて美人になっていくと思うので、ファッション誌で活躍するでんちゃんをもっと見てみたい！

To: 山崎怜奈

乃木坂46の活動と大学の両立をめっちゃ頑張っていたザキさん。そして今は、「歴史にくわしい」っていう自分の武器を見つけて、乃木坂46のメンバーの中でもオリジナリティのある活躍をしてるなって思います。そうやって、ほかのメンバーにはない自分だけの特技や得意ジャンルを見つけられるのってすごいことだと思うから、これからもその姿勢を変えずに頑張ってほしいです。

To: 渡辺みり愛

みり愛ちゃんのダンスがすごく好き。身のこなしがしなやかで、力の入れ具合いが本当に絶妙！ 自分の見せ方がすごくうまいなって思いながらダンスを見ていました。あと、私からしたら、今でも〝妹〟のようなかわいい存在だけど、成人したみり愛ちゃんが、どんな素敵な女性になっていくのか今後が楽しみです！

To: 秋元真夏

バラエティ番組とかでは、真夏にけっこう厳しめに絡んだこともあったけど（笑）、もちろん真夏のことは心から大好き！ キャプテンになって大変なこともいっぱいあっただろうし、今も大変なことを抱えているかもしれない。でも、真夏は、誰からも愛されるキャラクターがすごく魅力的だから、その人柄でこれからも大好きな乃木坂46を引っ張っていってください！

To: 生田絵梨花

初めて会ったときから、今までずっと私の推しメン！ すごく多才で、私にはないものをたくさん持っていて、本当に尊敬できる人です。ミュージカルでのパフォーマンスは群を抜いて輝いているし、表情豊かなアイドルとしてのいくちゃんも目が離せない。まじめで努力家の一方で、めちゃくちゃ抜けていて〝天然〟なところも魅力だし、バラエティ番組での突き抜けた面白さもさすがだなって思います。いくちゃんのすべてが大好き。卒業しても、これからもずっと私の推しメンはいくちゃんです！

To: 齋藤飛鳥

飛鳥こそ、これからの乃木坂46。グループの看板を背負っていかなきゃいけない存在ではあるけど、あまり気負いすぎず、考えすぎずに自分らしくやってもらえたらいいなって思います。あと、孤高の存在にならないように、もっとみんなの輪の中に入って、まわりの力を借りながら、今後の乃木坂46を引っ張っていくメンバーの1人になってほしいです。

To: 伊藤純奈

純奈に会うと、いつも「白石さーん！」って言って、私に駆け寄ってくれるのがかわいかった！ 舞台にたくさん出て大変そうなときもあったけど、それでもいつもニコニコしている姿を見ると、素敵な子だなって思います。「20歳過ぎたら、一緒にお酒を飲みに行きましょうね」って純奈に言われたのに、ずっと行けていないから、いつか必ず実現しようね！

To: 北野日奈子

私が卒業を発表したとき、真っ先に連絡をくれたのが、きいちゃんでした。私に憧れてくれていたこと、私と会うとグループのために頑張ろうって気持ちが湧くこと、私が卒業するまでの毎日を大切に過ごして、後輩としてもっとたくましくなること。そんな、熱い内容のメッセージを送ってくれたよね。うれしかったし、情に厚くて乃木坂愛がある子なんだって、あらためて思いました。その熱い気持ちを大事にして、これからも頑張ってほしいです！

To: 新内眞衣

乃木坂46では、年齢的に一番のお姉さんメンバーで、同世代だからこそ話せることも多かったかな。これからも、頼れるお姉さんとして引き続きグループを引っ張っていってほしいし、まいちゅんならではの〝いい味〟を乃木坂46にプラスしていってもらいたいなって思っています。

To: 鈴木絢音

絢音ちゃんのいいところは、すごく上品で丁寧な言葉遣い。そして、清楚なたたずまい。それって、すごく乃木坂46らしくて素敵だなって思います。あと、いい意味で〝ちょっぴり謎めいた美少女〟のようなキャラクターも魅力的だと思うので、その良さを失わずに頑張ってほしいです。

To: 寺田蘭世

本当に自分が好きな洋服を着ているガチのおしゃれさん。私も蘭世の個性的なファッションが好きだし、自分の世界をきっちり持っていることはいいことだなって思います。まわりに流されることなく、これからも蘭世らしいオリジナリティを極めていってね！

To: 堀未央奈

2期生として加入したばかりで、いきなり『バレッタ』のセンターに抜擢されて、本当に大変だったと思う。みんなにはあまり見せないかもしれないけど、実は何事に対しても一生懸命な努力家で、とってもストイックな子。メイクとか好きなものへの探究心も、すごいなって思います。さらに磨きをかけて、美の追求をしていってほしいな。

To: 中村麗乃

会うと、いつも目を見て挨拶をしてくれる麗乃ちゃん。しかも、「おはようございます‼」って元気に言ってくれるのがうれしい！ そんなふうに後輩から挨拶されると、こっちもちゃんと返さなきゃって思います。手脚が長くてスタイルがいいんですけど、顔立ちがドール系なので、もっと個性的で、甘めのファッションも似合いそう。いろんなところで、麗乃ちゃんの世界観をもっと出していってほしいなと思ってます。

To: 向井葉月

はづには、大好きなところがいっぱいあります。まず、ファッション。とくに、初めてリハ着を見たときは衝撃的でした。中学校ではくような短パンに、乃木坂46のライブTシャツ、足元は裸足に上履きなんです（笑）。そこから引っかかって、なにかと目が行く存在に。おもしろいサングラスをかけてきたり、目が離せない！ 一緒にリハやライブをしていて、乃木坂46が本当に好きなんだなって伝わってくるのも、はづの大好きなところ。神宮球場のライブで（桜井）玲香ちゃんが卒業したときも、「あぁ、1期生が全員いる〜」って言って、すごい泣いて喜んでくれたり。その乃木坂愛はこれからも大事にしてほしいです！

To: 山下美月

美月はやっぱり、吸い込まれそうな目力がすごく素敵！ 透明感があるからメイクもビシッと決まるし、完成度が高いなぁと思いながら見ています。仕事に対する向上心もすごいと思う。これからは、今よりももっと広い視野を持って、乃木坂46の可能性をどんどん広げていってほしいな。

To: 吉田綾乃クリスティー

メンバーとのコミュ力が高くて、3期生のお姉さん的存在として同期のメンバーを温かく見守っている印象がある、あやてぃー。ゆるふわでやさしい雰囲気と、大人っぽい雰囲気の両方を持っているところがいいなって思う。そのふたつの魅力をこれからもっと生かしながら、自分らしさをしっかりと伸ばしていってほしいなと思ってます！

To: 与田祐希

動物が大好きだと聞いていたから、アニマル柄のパンツをお下がりであげたら、ちょっと裾を引きずりながらもよくはいてくれてます（笑）。そういうところがかわいい！ 愛嬌たっぷりで、みんなの妹的キャラの与田ちゃんだけど、20歳になった記念に髪をバッサリ切って、大人っぽくなったよね。これからいろんな与田ちゃんが見られるのを楽しみにしてるよ！

To: 生駒里奈

結成当初、生駒ちゃんがセンターで頑張っている姿を見て、私たちも頑張らなきゃ！っていう気持ちになりました。つらい思いもたくさんしたと思うけど、いろんなところで戦って、必死に頑張ってくれたからこそ、今の乃木坂46のベースができたんだと感じます。ベタベタした関係ではなかったけど、いざというときに、お互いを支え合いながら立ち向かっていった仲間だと私は思ってるよ。本当に、生駒ちゃんには感謝の気持ちでいっぱいです。

To: 西野七瀬

なぁちゃんは、乃木坂46が持つ〝儚さ〟のイメージを形作ってくれた存在。いっぱいシンメのポジションになってきたけど、一緒に踊っていると、落ち着くし、安心できました。それは、なぁちゃんが自分の立ち位置や振りをきっちり覚えた上で、となりにいるメンバーのこともしっかり見てくれていたから。一緒にパフォーマンスしていて、お互いを高め合えるパートナーだったなと思う。なぁちゃんが卒業したばかりの頃は、ぽっかり穴が空いた気がしたけど、卒業後のドラマやCMで活躍する姿を見ると、やっぱりうれしい。「こんなにすごい子が、乃木坂46にいてくれたんだ」って、誇らしい気持ちです。

To: 星野みなみ

みなみのまっすぐで嘘のないところが私は好き。ほんわかした雰囲気で、思わず甘やかしたくなっちゃうけど、実はしっかり者だし、ダンスの立ち位置や振りの間違いもほとんどない陰の努力家なのを私は知ってるよ。愛嬌と憎めなさでいろんなことを切り抜けていく〝みなみ流〟の生き方も好きでした！

To: 松村沙友理

さゆりんと一緒に過ごした思い出は数えきれないほどあるので、ここでは書ききれません！ 私が卒業して、同じ乃木坂46のメンバーとしては会えなくなるのがすごくさみしい……。でも、卒業してもずっと大切な友だちだし、なんでも話してほしいな。これからも一緒にいっぱい楽しいことをしていこうね。さゆりんに出会えて本当に良かったよ！

To: 和田まあや

出会った頃からちょっと独特なところがあって面白いのは、9年経った今も全然変わらない（笑）。バラエティ番組でのモノマネや予想を超えるコメントもツボでした。13歳で乃木坂46に入ったまあやだけど、最近はすごく色気が出てきて、メンバーのみんなでまあやのダンスを見ながら「大人になったなぁ」ってしみじみしちゃいました。「カレー食べにおいで」って約束したけど、いつでもうちに食べに来てね！

To: 高山一実

かずみんは、オーディション会場で隣になって、私から最初に話しかけたメンバー。誰に対しても優しくて、後輩の面倒見が良くて、かずみんがいるだけで現場が明るくなる、そういう印象は出会った頃からずっと変わらないです。あと、かずみんと私といえば、ユニット〝ホワイトハイ〟の絆！ 結局、ユニット曲は1曲しかなかったけど、卒業してもいつか2曲目が出せるように願っています（笑）。〝ホワイトハイ〟は、永久に不滅です！

To: 中田花奈

花奈ちゃんの肌が大好き！ 白くてモチモチしていて、さわり心地が良くて、すごく女性らしい。乃木坂イチの肌美人だと思います。あと、個人的にはうなじも大好きで、後ろからよく見てました（笑）。花奈ちゃんとは「一緒に麻雀しようね」って約束しているので、絶対に実現させようね。どっちが勝つか、楽しみ！

To: 樋口日奈

ひなちまは、すごく優しくて、思いやりに溢れた子。ほがらかな笑顔に心の美しさがにじみ出てると思う。私のラストシングル『しあわせの保護色』でひなちまと最後に一緒に活動できたことが、すごく大切な思い出になりました。これからも、その素敵な笑顔を忘れずに、自分のペースでしっかり歩んでいってほしいな。

MAI SHIRAISHI LAST DAYS

乃木坂46の〝美の象徴〟と言われてきた彼女が
最後に見せるまばゆい輝き。
美しさと隣り合わせの儚さが胸に迫ります。

PHOTO=KAZUTAKA NAKAMURA

STYLIST=MAYUMI ANDO　HAIR&MAKE-UP=NAYA

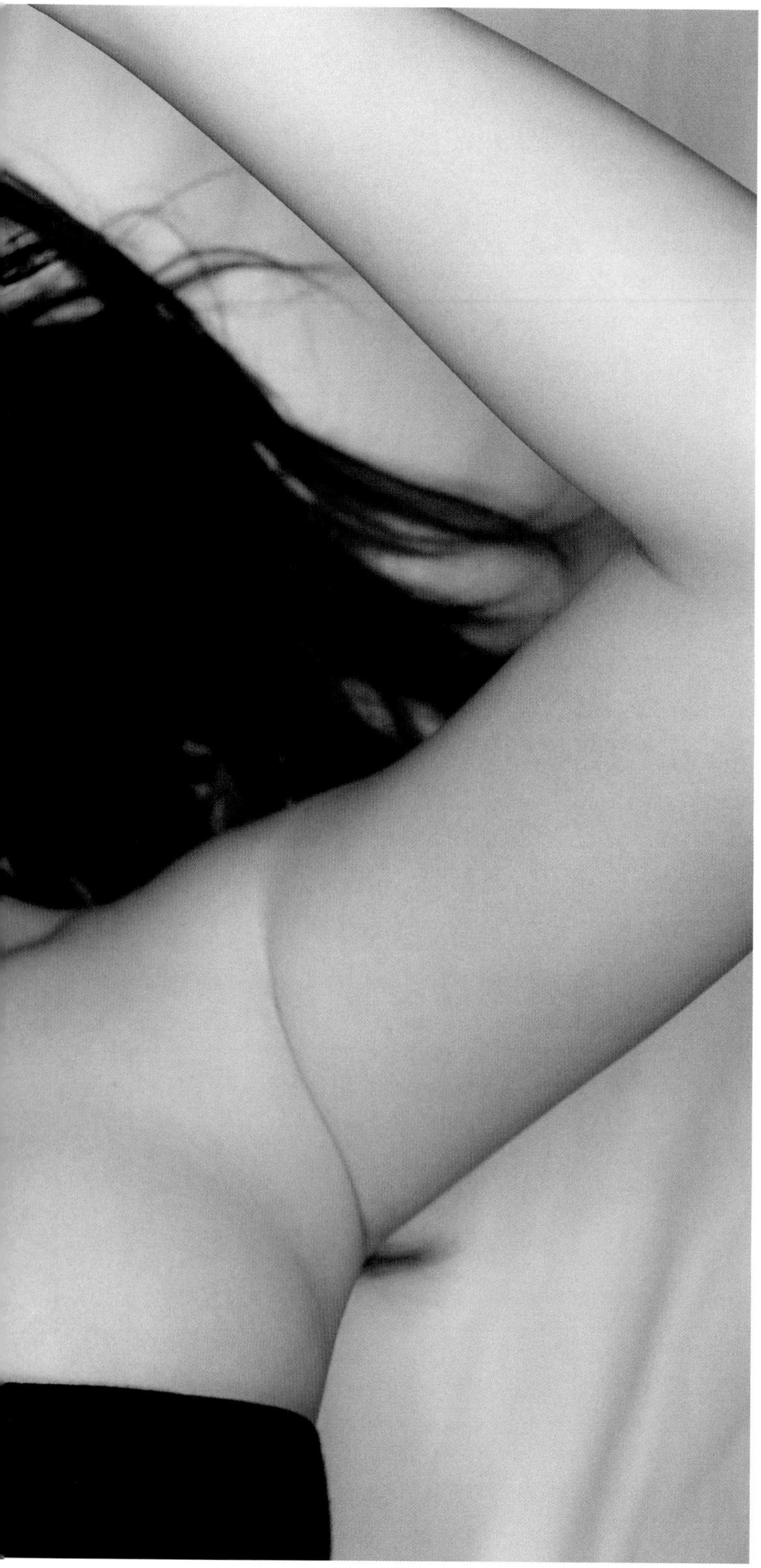

ここまで応援してくれた皆さん
本当にありがとうございました。

私は、もうすぐ乃木坂46を卒業します。

小さい頃は自分がアイドルになるなんて
思ってもみなかったけれど、
乃木坂46というグループに巡り会えて
ファンの皆さんと一緒に
たくさんの体験ができて、
本当にしあわせな9年間を
過ごすことができました。

私は本当に乃木坂が大好きですし
これからも乃木坂の成長する姿を
ファンの皆さんと一緒に
応援していけたらなと思っています。

19歳で活動を始めたときは、
正直、不安のほうが大きかったけど
いろんな経験をして
少しだけ強くなれた気がします。

だから、皆さんとの思い出を胸に
新しい一歩を踏みだそうと思います。
これからも応援してもらえたら嬉しいです。

みなさん、本当にありがとう。
大好きです。

白石麻衣

2020年10月

MEMORIAL
MAI SHIRAISHI
ALL PHOTO BY QUICK

COIN LAUNDRY
SANYO
ふんわり乾燥

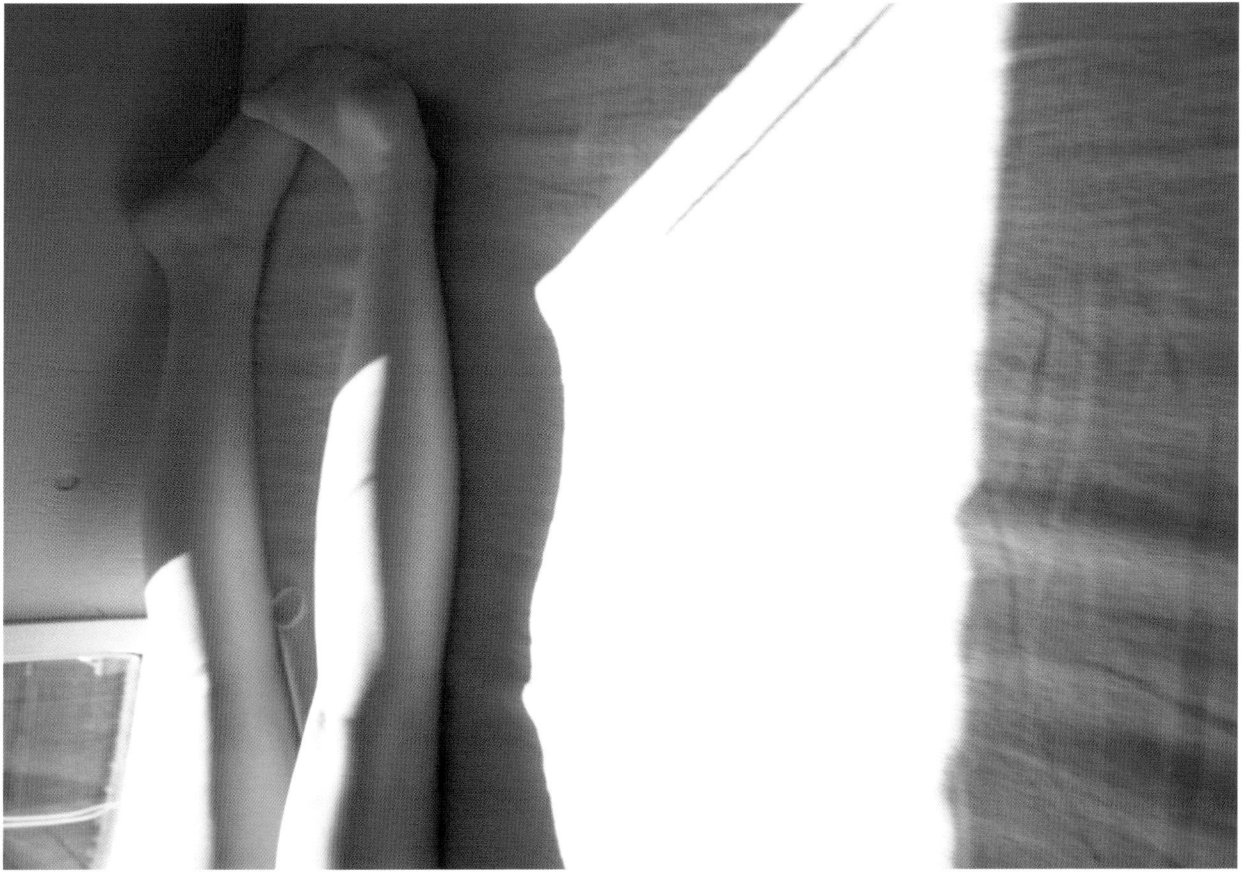

MEMORIAL PHOTO ALBUM

MAI SHIRAISHI : EMOTIONAL DAYS

ARTIST : 白石麻衣

TOTAL PRODUCER : 秋元康

PRODUCER : 秋元伸介、磯野久美子 (Y&N Brothers)

ARTIST PRODUCER : 今野義雄 (Sony Music Entertainment (Japan) Inc.)

ARTIST MANAGER IN CHIEF : 菊地友 (乃木坂46 LLC)
ARTIST MANAGER : 河木容子 (乃木坂46 LLC)

PHOTOGRAPHER : 中村和孝
STYLIST : 安藤真由美
HAIR&MAKE-UP : NAYA
PHOTO ASSISTANT : 鈖澤和之
STYLIST ASSISTANT : 大山諒子
DIGITAL WORKS : 金澤佐紀 (Digicapsule)

WRITER IN CHIEF : 宮田英一郎
WRITER : 横井孝宏、大久保和則、大上陽一郎
ART DIRECTOR : 野崎二郎 (studioGIVE)
EDITOR : 谷口晴紀

SPECIAL THANKS : 乃木坂46

COSTUME COOPERATION :
NOJESS、agete、ete、AHKAH 表参道ヒルズ店
MIRROR MIRROR、オリバーピープルズ 東京ギャラリー

白石麻衣　しらいし・まい
1992年8月20日 生まれ　28歳
A型　群馬県出身　T162

2011年、乃木坂46の1期生として活動開始。女性も憧れる美貌と明るく飾らないキャラクターで、常にグループの中心的メンバーとして活躍。センターを務めた乃木坂46の楽曲『インフルエンサー』と『シンクロニシティ』で、日本レコード大賞を2年連続受賞。ソロ写真集『パスポート』は50万部を突破し、野間出版文化賞特別賞を受賞した。2020年10月28日の卒業ライブをもって、乃木坂46から卒業。

白《しら》石《いし》麻《ま》衣《い》 乃木坂《のぎざか》46《フォーティーシックス》卒業記念《そつぎょうきねん》メモリアルマガジン

講談社《こうだんしゃ》・編

2020年10月21日　第1刷発行

発行者 : 渡瀬昌彦

発行所 : 株式会社　講談社
〒112-8001　東京都文京区音羽2-12-21
TEL　編集 : 03-5395-3440
　　　販売 : 03-5395-4415
　　　業務 : 03-5395-3615

印刷所 : 凸版印刷株式会社
製本所 : 凸版印刷株式会社